The Thousand Children

The Thousand Children

A Story in Simplified Chinese and Pinyin
Includes English Translation

Book 26 of the *Journey to the West* Series

Written by Jeff Pepper
Chinese Translation by Xiao Hui Wang

Based on chapters 78 and 79 of the original
Chinese novel *Journey to the West* by Wu Cheng'en

This is a work of fiction. Names, characters, organizations, places, events, locales, and incidents are either the products of the author's imagination or used in a fictitious manner. Any resemblance to actual persons, living or dead, or actual events is purely coincidental.

Copyright © 2022 – 2023 by Imagin8 Press LLC, all rights reserved.

Published in the United States by Imagin8 Press LLC, Verona, Pennsylvania, US. For information, contact us via email at info@imagin8press.com or visit www.imagin8press.com.

Our books may be purchased directly in quantity at a reduced price, visit our website www.imagin8press.com for details.

Imagin8 Press, the Imagin8 logo and the sail image are all trademarks of Imagin8 Press LLC.

Written by Jeff Pepper
Chinese translation by Xiao Hui Wang
Cover design by Katelyn Pepper and Jeff Pepper
Book design by Jeff Pepper
Artwork by Next Mars Media, Luoyang, China
Audiobook narration by Junyou Chen

Based on the original 16th century Chinese novel by Wu Cheng'en

ISBN: 978-1952601903
Version 04.02

Acknowledgements

We are deeply indebted to the late Anthony C. Yu for his incredible four-volume translation, *The Journey to the West* (University of Chicago Press, 1983, revised 2012).

We have also referred frequently to another unabridged translation, William J.F. Jenner's *The Journey to the West* (Collinson Fair, 1955; Silk Pagoda, 2005), as well as the original Chinese novel 西游记 by Wu Cheng'en (People's Literature Publishing House, Beijing, 1955). And we've gathered valuable background material from Jim R. McClanahan's *Journey to the West Research Blog* (www.journeytothewestresearch.com).

And many thanks to the team at Next Mars Media for their terrific illustrations, Jean Agapoff for her careful proofreading, and Junyou Chen for his wonderful audiobook narration.

Audiobook

A complete Chinese language audio version of this book is available free of charge. To access it, go to YouTube.com and search for the Imagin8 Press channel. There you will find free audiobooks for this and all the other books in this series.

You can also visit our website, www.imagin8press.com, to find a direct link to the YouTube audiobook, as well as information about our other books.

Preface

Here's a summary of the events of the previous books in the Journey to the West *series. The numbers in brackets indicate in which book in the series the events occur.*

Thousands of years ago, in a magical version of ancient China, a small stone monkey is born on Flower Fruit Mountain. Hatched from a stone egg, he spends his early years playing with other monkeys. They follow a stream to its source and discover a secret room behind a waterfall. This becomes their home, and the stone monkey becomes their king. After several years the stone monkey begins to worry about the impermanence of life. One of his companions tells him that certain great sages are exempt from the wheel of life and death. The monkey goes in search of these great sages, meets one and studies with him, and receives the name Sun Wukong. He develops remarkable magical powers, and when he returns to Flower Fruit Mountain he uses these powers to save his troop of monkeys from a ravenous monster. *[Book 1]*

With his powers and his confidence increasing, Sun Wukong manages to offend the underwater Dragon King, the Dragon King's mother, all ten Kings of the Underworld, and the great Jade Emperor himself. Finally, goaded by a couple of troublemaking demons, he goes too far, calling himself the Great Sage Equal to Heaven and sets events in motion that cause him some serious trouble. *[Book 2]*

Trying to keep Sun Wukong out of trouble, the Jade Emperor gives him a job in heaven taking care of his Garden of Immortal Peaches, but the monkey cannot stop himself from eating all the peaches. He impersonates a great Immortal and crashes a party in Heaven, stealing the guests' food and drink and barely escaping to his loyal troop of monkeys back on

Earth. In the end he battles an entire army of Immortals and men, and discovers that even calling himself the Great Sage Equal to Heaven does not make him equal to everyone in Heaven. As punishment, the Buddha himself imprisons him under a mountain. *[Book 3]*

Five hundred years later, the Buddha decides it is time to bring his wisdom to China, and he needs someone to lead the journey. A young couple undergo a terrible ordeal around the time of the birth of their child Xuanzang. The boy grows up as an orphan but at age eighteen he learns his true identity, avenges the death of his father and is reunited with his mother. Xuanzang will later fulfill the Buddha's wish and lead the journey to the west. *[Book 4]*

Another storyline starts innocently enough, with two good friends chatting as they walk home after eating and drinking at a local inn. One of the men, a fisherman, tells his friend about a fortuneteller who advises him on where to find fish. This seemingly harmless conversation between two minor characters triggers a series of events that eventually costs the life of a supposedly immortal being and causes the great Tang Emperor himself to be dragged down to the underworld. He is released by the Ten Kings of the Underworld but is trapped in hell and only escapes with the help of a deceased courtier. *[Book 5]*

Barely making it back to the land of the living, the Emperor selects the young monk Xuanzang to undertake the journey, after being influenced by the great bodhisattva Guanyin. The young monk sets out on his journey. After many difficulties his path crosses that of Sun Wukong, and the monk releases him from his prison under a mountain. Sun Wukong becomes the monk's first disciple. *[Book 6]*

As their journey gets underway, they encounter a mysterious

river-dwelling dragon, then run into more trouble while staying in the temple of a 270 year old abbot. Their troubles deepen when they meet the abbot's friend, a terrifying black bear monster, and Sun Wukong must defend his master. *[Book 7]*

The monk, now called Tangseng, acquires two more disciples. The first is the pig-man Zhu Bajie, the embodiment of stupidity, laziness, lust and greed. In his previous life, Zhu was the Marshal of the Heavenly Reeds, responsible for the Jade Emperor's entire navy and 80,000 sailors. Unable to control his appetites, he got drunk at a festival and attempted to seduce the Goddess of the Moon. The Jade Emperor banished him to earth, but as he plunged from heaven to earth he ended up in the womb of a sow and was reborn as a man-eating pig monster. He was married to a farmer's daughter, but fights with Sun Wukong and ends up joining and becoming the monk's second disciple. *[Book 8]*

Sha Wujing was once the Curtain Raising Captain but was banished from heaven by the Yellow Emperor for breaking an extremely valuable cup during a drunken visit to the Peach Festival. The travelers meet Sha and he joins them as Tangseng's third and final disciple. The four pilgrims arrive at a beautiful home seeking a simple vegetarian meal and a place to stay for the night. What they encounter instead is a lovely and wealthy widow and her three even more lovely daughters. This meeting is, of course, much more than it appears to be, and it turns into a test of commitment and virtue for all of the pilgrims, especially for the lazy and lustful pig-man Zhu Bajie. *[Book 9]*

Heaven continues to put more obstacles in their path. They arrive at a secluded mountain monastery which turns out to be the home of a powerful master Zhenyuan and an ancient and magical ginseng tree. As usual, the travelers' search for a nice hot meal and a place to sleep quickly turns into a disaster. Zhenyuan has gone away for a few days and has left his two youngest disciples in charge. They welcome the travelers, but soon there are misunderstandings, arguments, battles in the sky, and before long the travelers are facing a powerful and extremely angry adversary, as well as mysterious magic fruits and a large frying pan full of hot oil. *[Book 10]*

Next, Tangseng and his band of disciples come upon a strange pagoda in a mountain forest. Inside they discover the fearsome Yellow Robed Monster who is living a quiet life with his wife and their two children. Unfortunately the monster has a bad habit of ambushing and eating travelers. The travelers find themselves drawn into a story of timeless love and complex lies as they battle for survival against the monster and his allies. *[Book 11]*

The travelers arrive at level Top Mountain and encounter their most powerful adversaries yet: Great King Golden Horn and his younger brother Great King Silver Horn. These two monsters, assisted by their elderly mother and hundreds of well-armed demons, attempt to capture and liquefy Sun Wukong, and eat the Tang monk and his other disciples. *[Book 12]*

Resuming their journey the monk and his disciples stop to rest at a mountain monastery in Black Rooster Kingdom. Tangseng is visited in a dream by someone claiming to be the ghost of a murdered king. Is he telling the truth or is he actually a demon in disguise? Sun Wukong offers to sort things out with his iron rod. But things do not go as planned. *[Book 13]*

Tangseng and his three disciples encounter a young boy hanging upside down from a tree. They rescue him only to discover that he is really Red Boy, a powerful and malevolent demon and, it turns out, Sun Wukong's nephew. The three disciples battle the demon but soon discover that he can produce deadly fire and smoke which nearly kills Sun Wukong. *[Book 14]*

Leaving Red Boy with the bodhisattva Guanyin, the travelers continue to the wild country west of China. They arrive at a strange city where Daoism is revered and Buddhism is forbidden. Sun Wukong gleefully causes trouble in the city, and finds himself in a series of deadly competitions with three Daoist Immortals. *[Book 15]*

Later, the travelers encounter a series of dangerous demons and monsters, including the Great Demon King who demands two human sacrifices each year, and a monster who uses a strange and powerful weapon to disarm and defeat the disciples. *[Books 16 and 17]*

Springtime comes and the travelers run into difficulties and temptations in a nation of women and girls. Tangseng and Zhu become pregnant after drinking from the Mother and Child River. Then Tangseng is kidnapped by a powerful female demon who takes him to her cave and tries to seduce him. *[Book 18]*

Continuing their journey, Tangseng has harsh words for the monkey king Sun Wukong. His pride hurt, Sun Wukong complains to the Bodhisattva Guanyin and asks to be released from his service to the monk. She refuses his request. This leads to a case of mistaken identity and an earthshaking battle. Then the travelers find their path blocked by a huge blazing mountain eight hundred miles wide. Tangseng refuses to go around it, so Sun Wukong must discover why the mountain is burning and how they can cross it. *[Books 19 and 20]*

Three years after an evil rainstorm of blood covers a city and defiles a beautiful Buddhist monastery, Tangseng and his three disciples arrive. This leads to an epic underwater confrontation with the All Saints Dragon King and his family. And later, Tangseng is trapped in a vast field of brambles by a group of poetry loving but extremely dangerous nature spirits. *[Book 21]*

Later, Tangseng sees a sign, "Small Thunderclap Monastery," and foolishly thinks they have reached their goal. Sun Wukong sees through the illusion, but the false Buddha in the monastery traps him between two gold cymbals and plans to kill his companions. Escaping that, the travelers find their path blocked by a giant snake and a huge pile of slimy and foul-smelling rotting fruit. *[Book 22]*

Continuing on their journey, they meet the king of Scarlet Purple Kingdom. The king is gravely ill, sick with grief over the loss of one of his wives who was abducted by a nearby demon king. Sun Wukong pretends to be a doctor and attempts to cure the king with a treatment not found in any medical textbook. Then he goes to rescue the imprisoned queen, leading to an earth-shaking confrontation with the demon king. *[Book 23]*

Tangseng goes alone to beg some food at the home of some beautiful and seemingly gentle young women. He soon finds out that they are far from gentle. Trapped in their web, he waits to be cooked and eaten while his three disciples attempt to rescue him by confronting the spider demons, a horde of biting insects, and a mysterious Daoist alchemist. *[Book 24]*

Later, the travelers meet the three demon leaders: a blue-haired lion, an old yellow-tusked elephant, and a huge terrifying bird called Great Peng. They try but fail to defeat the three demons. Finally, with nowhere else to turn, Sun Wukong goes to Spirit Mountain to beg help from the Buddha himself. *[Book 25]*

The Thousand Children
一千个孩子

Dì 78 Zhāng

Wǒ qīn'ài de háizi, hái jìdé zuó wǎn de gùshì ma? Wǒ gàosùguò nǐ, fójiào héshang Tángsēng de túdìmen shì zěnme hé yì zhī dà niǎo, yì zhī lán máo shīzi hé yìtóu huáng yá dà xiàng zhàndòu de. Tāmen jiù le Tángsēng, jiù le Shīzi Wángguó.

Tāmen líkāi le Shīzi Wángguó, zàicì xiàng xī zǒu. Tiānqì biàn lěng le. Chí miàn chūxiàn le bīng, shùyè biàn huáng biàn hóng, dàdì shàng gàizhe cǎo, yì tuántuán de xuě fēiguò tiānkōng. Báitiān, yóurénmen zài fēng xuě zhōng xíngzǒu, wǎnshàng, tāmen shuì zài bīnglěng de dìshàng.

Yǒuyìtiān, tāmen kàndào le yízuò dà chéngshì, gāo gāo de chéngqiáng, sìzhōu yǒu hùchénghé wéizhe. Tángsēng cóng báimǎ shàng xiàlái, hé sān gè túdì yìqǐ zǒuguò chéng mén. Dà túdì Sūn Wùkōng kàndào yígè lǎo shìbīng shuì zài chéngqiáng páng de dìshàng. Tā zǒuxiàng shìbīng. Tā yáo le yáo shìbīng de jiān, shuō, "Xǐng xǐng, érzi! Wǒmen shì láizì dōngfāng de héshang, qiánwǎng xīfāng de tiāntáng qǔ fózǔ de jīngshū. Wǒmen gāng dào nǐmen de chéngshì. Gàosù wǒ, zhège dìfāng jiào shénme míngzì?"

第 78 章

我亲爱的孩子，还记得昨晚的故事吗？我告诉过你，佛教和尚<u>唐僧</u>的徒弟们是怎么和一只大鸟、一只蓝毛狮子和一头黄牙大象战斗的。他们救了<u>唐僧</u>，救了<u>狮子</u>王国。

他们离开了<u>狮子</u>王国，再次向西走。天气变冷了。池面出现了冰，树叶变黄变红，大地上盖着草，一团团的雪飞过天空。白天，游人们在风雪中行走，晚上，他们睡在冰冷的地上。

有一天，他们看到了一座大城市，高高的城墙，四周有护城河围着。<u>唐僧</u>从白马上下来，和三个徒弟一起走过城门。大徒弟<u>孙悟空</u>看到一个老士兵睡在城墙旁的地上。他走向士兵。他摇了摇士兵的肩，说，"醒醒，儿子！我们是来自东方的和尚，前往西方的天堂取佛祖的经书。我们刚到你们的城市。告诉我，这个地方叫什么名字？"

Shìbīng kànzhe Sūn Wùkōng, yǐwéi tā shì léishén. Shìbīng shuō, "Zhǎnglǎo, zhège guójiā yǐqián jiào Bǐqiū, dàn míngzì yǐjīng gǎi le. Xiànzài shì Xiǎozi Chéng."

Sūn Wùkōng xiàng qítā rén zǒu qù. Tā gàosù tāmen, "Nàge shìbīng gàosù wǒ, zhège guójiā yǐqián jiào Bǐqiū, dàn yǐjīng gǎimíng wéi Xiǎozi Chéng."

Tángsēng wèn, "Rúguǒ yǐqián jiào Bǐqiū, wèishénme xiànzài jiào Xiǎozǐ Chéng?"

Tángsēng de èr túdì, zhū rén Zhū Bājiè shuō, "Kěnéng yǐqián yǒu yí wèi Bǐqiū Wáng. Tā sǐ le, tā de érzi chéngwéi guówáng, suǒyǐ tāmen gǎi le míngzì."

Tángsēng de sān túdì, dà gèzi Shā Wùjìng shuō, "Nà bù kěnéng shì zhēn de. Nàge lǎo shìbīng kěnéng bèi lǎo hóuzi xià huài le, jiù luàn shuōhuà le."

Tāmen jìxù wǎng chéng lǐ zǒu. Kàn le sìzhōu, tāmen kàndào

    Mài jiǔ de shāngdiàn lǐ hé fànguǎn lǐ dōu shì dàshēng shuōhuà de kèrén

士兵看着孙悟空，以为他是雷神。士兵说，"长老，这个国家以前叫比丘，但名字已经改了。现在是小子城。"

孙悟空向其他人走去。他告诉他们，"那个士兵告诉我，这个国家以前叫比丘，但已经改名为小子城。"

唐僧问，"如果以前叫比丘，为什么现在叫小子城？"

唐僧的二徒弟，猪人猪八戒说，"可能以前有一位比丘王。他死了，他的儿子成为国王，所以他们改了名字。"

唐僧的三徒弟，大个子沙悟净说，"那不可能是真的。那个老士兵可能被老猴子吓坏了，就乱说话了。"

他们继续往城里走。看了四周，他们看到

卖酒的商店里和饭馆里都是大声说话的客人

Xǔduō měilì de shāngdiàn hé cháwū

Rénmen zài mài jīn, yín hé sīchóu, zhǐ xiǎng yào qián

Kèrénmen zǒulù, shuōhuà hé mǎi dōngxi

Yígè hěn dà, hěn fánróng de chéngshì!

Dànshì tāmen kàndào le yìxiē qíguài de dōngxi. Měi jiā ménkǒu dōu yǒu yígè lóngzi, kànshàngqù kěyǐ zhuāng é.

"Túdìmen," Tángsēng shuō, "wèishénme zhèxiē rén dōu yào bǎ lóngzi fàng zài tāmen jiā ménkǒu ne?"

Zhū xiàozhe huídá shuō, "Shīfu, zhè yídìng shì yǒu hǎo yùnqì de yìtiān. Měi gè rén dōu zài jǔxíng hūnlǐ!"

Sūn Wùkōng shuō, "Húshuō, nǎ yǒu měi jiā dōu bàn hūnlǐ de? Bùxíng, wǒ yào qù kàn kàn." Tā bùxiǎng xià dào rènhé rén, suǒyǐ tā huī le huī shǒu, shuō le yìxiē mó yǔ, ránhòu biàn chéng le yì zhī mìfēng. Tā fēi dào fùjìn de yígè lóngzi, wǎng lǐmiàn kàn le kàn. Tā kànjiàn lǐmiàn zuòzhe yígè xiǎo nánhái. Tā fēi dào pángbiān de fángzi, kàn le kàn lóngzi lǐmiàn. Tā kàndào le lìng yígè xiǎo nánhái. Tā kàn le bā, jiǔ dòng fángzi. Měi dòng fángzi dōu yǒu yí

许多美丽的商店和茶屋[1]
人们在卖金、银和丝绸,只想要钱
客人们走路、说话和买东西
一个很大、很繁荣[2]的城市!

但是他们看到了一些奇怪的东西。每家门口都有一个笼子,看上去可以装鹅。"徒弟们,"唐僧说,"为什么这些人都要把笼子放在他们家门口呢?"

猪笑着回答说,"师父,这一定是有好运气的一天。每个人都在举行婚礼!"

孙悟空说,"胡说,哪有每家都办婚礼的?不行,我要去看看。"他不想吓到任何人,所以他挥了挥手,说了一些魔语,然后变成了一只蜜蜂。他飞到附近的一个笼子,往里面看了看。他看见里面坐着一个小男孩。他飞到旁边的房子,看了看笼子里面。他看到了另一个小男孩。他看了八、九栋房子。每栋房子都有一

---

[1] 茶屋　　　cháwū – tea house
[2] 繁荣　　　fánróng – prosperous

gè xiǎo nánhái zuò zài lóngzi lǐ.

Tā huí dào Tángsēng miànqián, shuō, "Shīfu, měi gè lóngzi lǐ dōu yǒu yígè xiǎo nánhái. Zuìxiǎo de kěnéng shì sì suì, zuìdà de kěnéng shì liù suì. Wǒ bù zhīdào tāmen wèishénme zài nàlǐ."

Tāmen jìxù zǒuzhe. Bùjiǔ, tāmen lái dào le Jīn Tíng Guǎnyì. "Tài hǎo le," Tángsēng shuō. "Wǒmen jìnqù ba. Wǒmen kěyǐ zhīdào wǒmen zài nǎlǐ. Wǒmen kěyǐ ràng mǎ xiūxi, jīn wǎn wǒmen yě kěyǐ shuì zài zhèlǐ."

Tāmen zǒu jìn Jīn Tíng Guǎnyì. Jīnglǐ jiàn dào tāmen, wèn, "Xiānshēng, nǐmen cóng nǎlǐ lái?"

Tángsēng huídá shuō, "Wǒ shì yígè qióng héshang, shì Táng huángdì sòng qù xītiān qǔ fójīng de. Wǒmen gāng dào nǐmen měilì de chéngshì. Wǒmen yāoqiú nǐmen de guówáng qiānshǔ wǒmen de tōngguān wénshū, qǐng ràng wǒmen jīn wǎn zhù zài Jīn Tíng Guǎnyì lǐ."

"Dāngrán," jīnglǐ huídá shuō. "Qǐng liú zài zhèlǐ chī wǎnfàn. Nǐmen jīn wǎn kěyǐ shuì zài zhèlǐ. Míngtiān zǎoshàng, nǐmen

个小男孩坐在笼子里。

他回到唐僧面前,说,"师父,每个笼子里都有一个小男孩。最小的可能是四岁,最大的可能是六岁。我不知道他们为什么在那里。"

他们继续走着。不久,他们来到了金亭馆驿。"太好了,"唐僧说。"我们进去吧。我们可以知道我们在哪里。我们可以让马休息,今晚我们也可以睡在这里。"

他们走进金亭馆驿。经理[3]见到他们,问,"先生,你们从哪里来?"

唐僧回答说,"我是一个穷和尚,是唐皇帝送去西天取佛经的。我们刚到你们美丽的城市。我们要求你们的国王签署我们的通关文书,请让我们今晚住在金亭馆驿里。"

"当然,"经理回答说。"请留在这里吃晚饭。你们今晚可以睡在这里。明天早上,你们

---

[3]经理　　　jīnglǐ – manager

kěyǐ hé wǒmen de guówáng jiànmiàn, ná dào qiānshǔ de tōngguān wénshū."

Tángsēng xiè le tā. Yìxiē gōngrén wèi yóurén zhǔnbèi le chuáng, hái wèi tāmen zhǔnbèi le sùshí wǎnfàn. Tāmen dōu chī le wǎnfàn. Zhè yǐhòu, tiān hēi le, gōngrénmen diǎn le dēng. Tángsēng, tā de sān gè túdì hé jīnglǐ dōu yìqǐ zuò zài dēng xià. Tángsēng duì jīnglǐ shuō, "Xiānshēng, qǐng gàosù wǒ, guì guó de rén shì zěnme yàng yǎng háizi de?"

Jīnglǐ huídá shuō, "Měi gè dìfāng de rén dōu shì yíyàng de, jiù xiàng tiānkōng zhōng cónglái méiyǒu liǎng gè tàiyáng yíyàng. Fùqīn de zhǒngzǐ hé mǔqīn de xuě hùnhé zài yìqǐ. Shí gè yuè hòu, háizi chūshēng le. Háizi men hē mǔqīn de nǎi sān nián. Tāmen jiù zhèyàng zhǎng dà. Měi gè rén dōu zhīdào zhè yìdiǎn."

"Shìde," Tángsēng shuō, "zài wǒ de guójiā yěshì zhèyàng. Dànshì dāng wǒmen lái dào nǐmen de chéngshì shí, wǒmen kàndào měi jiā mén qián dōu yǒu yígè é lóng, měi gè lóngzi lǐ dōu yǒu yígè xiǎo nán

可以和我们的国王见面，拿到签署的通关文书。"

唐僧谢了他。一些工人为游人准备了床，还为他们准备了素食晚饭。他们都吃了晚饭。这以后，天黑了，工人们点了灯。唐僧、他的三个徒弟和经理都一起坐在灯下。唐僧对经理说，"先生，请告诉我，贵国的人是怎么养孩子的？"

经理回答说，"每个地方的人都是一样的，就像天空中从来没有两个太阳一样。父亲的种子和母亲的血混合在一起。十个月后[4]，孩子出生了。孩子们喝母亲的奶三年。他们就这样长大。每个人都知道这一点。"

"是的，"唐僧说，"在我的国家也是这样。但是当我们来到你们的城市时，我们看到每家门前都有一个鹅笼，每个笼子里都有一个小男

---

[4] The manager is referring to lunar months. A lunar month is 29½ days, so ten lunar months is 295 days. A more accurate answer would have been 九个半月后 (jiǔ gè bàn yuè hòu), 9½ lunar months, since a normal pregnancy lasts 280 days.

hái. Wǒ bù míngbái zhè yìdiǎn."

Jīnglǐ āijìn Tángsēng, zài tā ěr biān dī shēng shuō, "Xiānshēng, qǐng búyào wèn zhè jiàn shì. Gèng búyào qù xiǎng tā." Ránhòu jīnglǐ zhàn qǐlái shuō, "Xiànzài, nǐ kěnéng hěn lèi le. Wǒ xiǎng nǐ yīnggāi shàngchuáng shuìjiào le."

Dàn Tángsēng bù kěn shàngchuáng shuìjiào. Tā jiānchí yào tīng jiěshì. Zuìhòu, jīnglǐ ràng suǒyǒu gōngrén dōu líkāi fángjiān. Tāmen zǒu hòu, tā zuò xiàlái duì Tángsēng shuō, "É lóng zài nàlǐ, shì yīnwèi wǒmen de guówáng shì yígè hěn bù hǎo de tǒngzhìzhě. Nǐ wèishénme yídìng yào tīng zhège?"

"Zài wǒ nòng míngbái zhè yìdiǎn zhīqián, wǒ bùnéng xiūxi. Tā shì zěnme yígè huài de tǒngzhìzhě?"

"Hǎo ba, wǒ huì gàosù nǐ de. Zhège guójiā yǐqián jiào Bǐqiū Wángguó. Sān nián qián, yí wèi lǎo dàoshì dàizhe yígè shíwǔ suì de nǚhái lái dào zhèlǐ. Nǚhái hé Guānyīn púsà yíyàng měilì. Dàoshì bǎ zhège nǚhái gěi le guówáng. Guówáng àishàng le zhège nǚhái. Tā wàngjì le yíqiè. Tā wàngjì le tā de wánghòu hé tā de

孩。我不明白这一点。"

经理挨近唐僧，在他耳边低声说，"先生，请不要问这件事。更不要去想它。"然后经理站起来说，"现在，你可能很累了。我想你应该上床睡觉了。"

但唐僧不肯上床睡觉。他坚持要听解释。最后，经理让所有工人都离开房间。他们走后，他坐下来对唐僧说，"鹅笼在那里，是因为我们的国王是一个很不好的统治者。你为什么一定要听这个？"

"在我弄明白这一点之前，我不能休息。他是怎么一个坏的统治者？"

"好吧，我会告诉你的。这个国家以前叫比丘王国。三年前，一位老道士带着一个十五岁的女孩来到这里。女孩和观音菩萨一样美丽。道士把这个女孩给了国王。国王爱上了这个女孩。他忘记了一切。他忘记了他的王后和他的

fēizi, wàngjì le wángguó de shì. Tā xiǎng zuò de jiùshì yìzhí hé nǚhái zài chuángshàng wán. Tā tíngzhǐ le chī hē. Zhèng yīnwèi zhèyàng, tā biàn dé fēicháng xūruò. Tā kuàiyào sǐ le. Gōng zhōng de yīshēng yǐjīng shì le suǒyǒu de yào, dàn méiyǒu rènhé dōngxi néng bāngzhù guówáng."

"Nà dàoshì ne?"

"Wǒmen de guówáng ràng tā chéngwéi guówáng de yuèfù. Zhège rén gàosù guówáng, tā yǒu yì zhǒng mìmì de yào, kěyǐ ràng wǒmen de guówáng huó yìqiān nián. Dàoshì qùguò shí dà zhōu hé sān gè mó guó, zhǎo zuò zhè zhǒng yào xūyào de cǎoyào. Dàn xiànzài tā hái xūyào zài zuò yí jiàn shì. Tā bìxū yòng 1,111 kē xiǎo nánhái de xīn zuò tāng, jiāng tāng jiā dào yào zhōng. Zhè jiùshì nǐ zài lóngzi lǐ kàn dào de nàxiē nánhái. Fùmǔmen tài hàipà le, bù gǎn shuō rènhé shìqing. Zhè jiùshì wèishénme zhège chéngshì xiànzài bèi jiàozuò Xiǎozi Chéng."

Jīnglǐ zhàn le qǐlái. Tā shuō, "Míngtiān qù wánggōng de shíhòu, nǐ shénme dōu bùnéng shuō. Zhǐ xū ná qiānshǔ de tōngguān wénshū, rán

妃子[5]，忘记了王国的事。他想做的就是一直和女孩在床上玩。他停止了吃喝。正因为这样，他变得非常虚弱。他快要死了。宫中的医生已经试了所有的药，但没有任何东西能帮助国王。"

"那道士呢？"

"我们的国王让他成为国王的岳父[6]。这个人告诉国王，他有一种秘密的药，可以让我们的国王活一千年。道士去过十大洲和三个魔国，找做这种药需要的草药[7]。但现在他还需要再做一件事。他必须用 1,111 颗小男孩的心做汤，将汤加到药中。这就是你在笼子里看到的那些男孩。父母们太害怕了，不敢说任何事情。这就是为什么这个城市现在被叫做小子城。"

经理站了起来。他说，"明天去王宫的时候，你什么都不能说。只需拿签署的通关文书，然

---

[5] 妃子　　fēizi – concubine
[6] 岳父　　yuèfù – father-in-law
[7] 草药　　cǎoyào – herb(s)

hòu jìxù nǐmen de lǚtú." Tā chuī miè le dēng, líkāi le fángjiān.

Jīnglǐ líkāi hòu, Tángsēng kāishǐ kū le. "Bèn guówáng! Nǐ de yùwàng jīhū yào le nǐ de shēngmìng, xiànzài nǐ dǎsuàn shā sǐ suǒyǒu zhèxiē xiǎo nánhái. Nǐ zěnme néng zhèyàng?"

Zhū zǒu dào tā shēnbiān, shuō, "Shīfu, nǐ zěnmele? Zhè jiù xiàng bǎ yígè mòshēng rén de guāncai dài jìn nǐ de jiā, nǐ wèi tā kū. Nǐ zhīdào nà jù lǎohuà,

> Dāng guówáng xiǎng ràng tā wángguó de rén sǐ,
> Nàxiē rén bìxū sǐ.
> Dāng fùqīn yào érzi sǐ,
> Érzi bìxū sǐ.

Nàxiē nánhái shì tā wángguó de rén. Tāmen duì nǐ lái shuō shì shénme? Zǒu ba, wǒmen qù shuìjiào ba."

Tángsēng shuō, "Ō, túdì, nǐ de xīn hěn yìng! Wǒmen shì héshang, wǒmen bìxū bāngzhù biérén. Zhège guówáng zěnme huì zhème xié'è ne? Wǒ cónglái méiyǒu tīng shuōguò chī xīnzàng huì chángshēng zhè zhǒng shì. Dāngrán, tīngdào zhè jiàn shì ràng wǒ hěn shāngxīn!"

后继续你们的旅途。"他吹灭了灯，离开了房间。

经理离开后，<u>唐僧</u>开始哭了。"笨国王！你的欲望几乎要了你的生命，现在你打算杀死所有这些小男孩。你怎么能这样？"

<u>猪</u>走到他身边，说，"师父，你怎么了？这就像把一个陌生人的棺材带进你的家，你为他哭。你知道那句老话，

    当国王想让他王国的人死，
    那些人必须死。
    当父亲要儿子死，
    儿子必须死。

那些男孩是他王国的人。他们对你来说是什么？走吧，我们去睡觉吧。"

<u>唐僧</u>说，"噢，徒弟，你的心很硬！我们是和尚，我们必须帮助别人。这个国王怎么会这么邪恶呢？我从来没有听说过吃心脏会长生这种事。当然，听到这件事让我很伤心！"

Sūn Wùkōng shuō, "Shīfu, wǒmen jīn wǎn búyào dānxīn zhège. Míngtiān wǒ huì hé nǐ yìqǐ qù gōngdiàn. Wǒmen jiāng kàndào guówáng de yuèfù. Rúguǒ tā shì rén, zhǐshì rènwéi yào huì dài lái chángshēng, wǒ jiù huì gàosù tā zhēnxiàng. Rúguǒ tā shì yāoguài, wǒ huì zhuā zhù tā, ràng guówáng kàn kàn tā shì shénme dōngxi, zhèyàng guówáng jiù kěyǐ xuéhuì kòngzhì zìjǐ de yùwàng, huīfù tā de lìliàng. Bùguǎn zěnyàng, wǒ bú huì ràng tā shā le nàxiē háizi."

Tángsēng shuō, "Nà tài hǎo le. Dànshì wǒmen bùnéng duì guówáng shuō shénme. Wǒmen bù xīwàng tā duì wǒmen shēngqì."

"Méi wèntí. Jīn wǎn wǒ jiāng yòng wǒ de mólì. Wǒ huì bǎ suǒyǒu de nánhái dōu nòng chū chéng. Guówáng dāngrán huì tīngdào zhège xiāoxi, dàn tā bú huì rènwéi shì wǒmen zuò de."

"Nǐ zěnme bǎ nánháimen nòng chū chéng?"

"Nǐ zhīdào wǒ yǒu yìxiē shénqí de lìliàng. Zhū hé Shā liú xià, hé shīfu zài yìqǐ. Rúguǒ nǐ gǎnjué dào yízhèn lěngfēng, nǐ jiù zhīdào shì nánháimen líkāi le zhè zuò chéngshì."

Sūn Wùkōng fēi xiàng kōngzhōng. Tā jiào lái le chéng shén, tǔdì shén, Hēi'àn Liùshén, Guāngmíng Liùshén, hái yǒu qítā gèng duō de shénxiān. Tā

孙悟空说，"师父，我们今晚不要担心这个。明天我会和你一起去宫殿。我们将看到国王的岳父。如果他是人，只是认为药会带来长生，我就会告诉他真相。如果他是妖怪，我会抓住他，让国王看看他是什么东西，这样国王就可以学会控制自己的欲望，恢复他的力量。不管怎样，我不会让他杀了那些孩子。"

唐僧说，"那太好了。但是我们不能对国王说什么。我们不希望他对我们生气。"

"没问题。今晚我将用我的魔力。我会把所有的男孩都弄出城。国王当然会听到这个消息，但他不会认为是我们做的。"

"你怎么把男孩们弄出城？"

"你知道我有一些神奇的力量。猪和沙留下，和师父在一起。如果你感觉到一阵冷风，你就知道是男孩们离开了这座城市。"

孙悟空飞向空中。他叫来了城神、土地神、黑暗六神、光明六神，还有其他更多的神仙。他

men dōu hěn kuài de lái le, wèn dào, "Dà shèng, nǐ wèishénme bànyè jiào wǒmen?"

"Xièxiè nǐmen de dàolái. Wǒ gāng dào zhège chéngshì. Guówáng shì ge huàirén. Tā xiāngxìn le yígè xié'è yāoguài de huà. Míngtiān, tā jìhuà cóng yìqiān duō gè xiǎo nánhái shēnshàng qǔchū tāmen de xīnzàng, yòng lái zuò yì zhǒng shénqí de dānyào, néng ràng tā yǒngyuǎn huózhe. Wǒ de shīfu yào wǒ jiù nánhái, zhuā zhù yāoguài. Zhè jiùshì wèishénme wǒ qǐng nǐmen dàjiā lái zhèlǐ. Qǐng yòng nǐmen de mófǎ jǔ qǐ nánháimen. Bǎ tāmen dài guò chéngqiáng, dào yígè ānquán de dìfāng, yuǎnlí sēnlín. Liú tāmen zài nàlǐ yī, liǎng tiān. Gěi tāmen chī de dōngxi. Bǎohù tāmen, búyào ràng tāmen gǎndào hàipà. Děng wǒ bǎ xié'è yāoguài cóng zhège chéngshì zhōng chú le, nǐmen kěyǐ bǎ nánháimen dài huílái."

Dào le sān gēng de shíhòu,

    Yízhèn lěngfēng zhē zhù le tiānkōng zhōng de xīngxīng

    Yuèliang xiāoshī zài shénqí de wùqì hòumiàn

    Lěng ràng rénmen de yīfú biàn chéng le tiě

    Fùmǔ duǒ zài jiālǐ

    Lóngzi hé xiǎo nánháimen bèi zhòng shén dài zǒu le

们都很快地来了，问道，"大圣，你为什么半夜叫我们？"

"谢谢你们的到来。我刚到这个城市。国王是个坏人。他相信了一个邪恶妖怪的话。明天，他计划从一千多个小男孩身上取出他们的心脏，用来做一种神奇的丹药，能让他永远活着。我的师父要我救男孩，抓住妖怪。这就是为什么我请你们大家来这里。请用你们的魔法举起男孩们。把他们带过城墙，到一个安全的地方，远离森林。留他们在那里一、两天。给他们吃的东西。保护他们，不要让他们感到害怕。等我把邪恶妖怪从这个城市中除了，你们可以把男孩们带回来。"

到了三更的时候，

  一阵冷风遮住了天空中的星星
  月亮消失在神奇的雾气后面
  冷让人们的衣服变成了铁
  父母躲在家里
  笼子和小男孩们被众神带走了

Hēiyè hěn kěpà

Dànshì dì èr tiān, měi gè rén dōuhuì gǎndào gāoxìng.

Sūn Wùkōng huí dào le Jīn Tíng Guǎnyì. Tā gàosù Tángsēng, suǒyǒu de xiǎo nánhái dōu bèi dài chū le chéng. Tángsēng yícì yòu yícì de gǎnxiè tā. Ránhòu tāmen dōu qù shuìjiào le.

Dì èr tiān zǎoshàng, Tángsēng chuān shàng tā zuì hǎo de yīfú qù jiàn guówáng. Jīnglǐ zǒu dào tā miànqián, dī shēng de zàicì gàosù tā búyào qù guānxīn hé tā méiyǒu guānxì de shìqing. Tángsēng diǎn le diǎn tóu. Sūn Wùkōng biàn chéng le yì zhī xiǎo chóng. Tā fēi xiàng Tángsēng, tíng zài héshang de jīnsè màozi shàng.

Tángsēng xiàng wánggōng zǒu qù. Dāng tā dào le nàlǐ, tā gàosù yígè gōng zhōng tàijiān, tāmen xiǎngjiàn guówáng. Jǐ fēnzhōng hòu, guówáng yāoqǐng Tángsēng jìn bǎozuò fángjiān. Tángsēng kànzhe guówáng. Tā kàndào nàge rén fēicháng xūruò. Tā jīhū zhàn bù qǐlái, shuōhuà yě hěn kùnnán. Dāng Tángsēng bǎ tōngguān wénshū gěi tā shí, guówáng lián shàngmiàn de zì dōu kàn bù dǒng. Guówáng hǎobù róngyì de qiānshǔ le wénshū, jiāng tā hái gěi le Tángsēng. Tángsēng bǎ wénshū fàng zài tā de cháng yī lǐ.

黑夜很可怕

但是第二天，每个人都会感到高兴。

孙悟空回到了金亭馆驿。他告诉唐僧，所有的小男孩都被带出了城。唐僧一次又一次地感谢他。然后他们都去睡觉了。

第二天早上，唐僧穿上他最好的衣服去见国王。经理走到他面前，低声地再次告诉他不要去关心和他没有关系的事情。唐僧点了点头。孙悟空变成了一只小虫。他飞向唐僧，停在和尚的金色帽子上。

唐僧向王宫走去。当他到了那里，他告诉一个宫中太监，他想见国王。几分钟后，国王邀请唐僧进宝座房间。唐僧看着国王。他看到那个人非常虚弱。他几乎站不起来，说话也很困难。当唐僧把通关文书给他时，国王连上面的字都看不懂。国王好不容易地签署了文书，将它还给了唐僧。唐僧把文书放在他的长衣里。

就在这时，一个太监走了进来，说，

"Guówáng de yuèfù lái le." Tángsēng zhuǎnguò shēn lái. Tā kàndào yí wèi lǎo dàoshì, huàngdòngzhe shēntǐ, xiàng bǎozuò zǒu qù.

Tā zhǎng shénme yàngzi?

    Tā de tóu shàng, yì dǐng huángsè de sīchóu màozi
    Tā de shēnshàng, yí jiàn sīchóu hé yǔmáo de dǒupéng
    Tā de yāo shàng, yì tiáo lán sè de bù yāodài
    Tā de jiǎo shàng, yì shuāng cǎo zuò de yún xié
    Tā de shǒu shàng, yì gēn lóngtóu guǎizhàng
    Tā de liǎn xiàng yù yíyàng guānghuá
    Tā de yǎnjīng xiàng huǒ yíyàng ránshāo
    Tā de bái húzi zài tā de liǎn xià piāodòng
    Yún gēnzhe tā zǒudòng
    Xiāng wù gēnzhe tā liúdòng
    Guānyuánmen yìqǐ dà hǎn,
    "Guówáng de yuèfù jìn gong le!"

Guówáng de yuèfù méiyǒu xiàng guówáng jūgōng. Guówáng xiàng tā jūgōng shuō, "Yuèfù, zhèn de yùnqì hěn hǎo, nín lái jiàn zhèn le."

Dàoshì kàn le kàn Tángsēng, ránhòu duì guówáng shuō, "Zhè wèi héshang

"国王的岳父来了。"唐僧转过身来。他看到一位老道士，晃动着身体，向宝座走去。

他长什么样子？

  他的头上，一顶黄色的丝绸帽子

  他的身上，一件丝绸和羽毛的斗篷

  他的腰上，一条蓝色的布腰带

  他的脚上，一双草做的云鞋

  他的手上，一根龙头拐杖

  他的脸像玉一样光滑

  他的眼睛像火一样燃烧

  他的白胡子在他的脸下飘动

  云跟着他走动

  香雾跟着他流动

  官员们一起大喊，

  "国王的岳父进宫了！"

国王的岳父没有向国王鞠躬。国王向他鞠躬说，"岳父，朕的运气很好，您来见朕了。"

道士看了看唐僧，然后对国王说，"这位和尚

cóng nǎlǐ lái?"

"Tā bèi Táng huángdì sòng qù xītiān qǔ jīngshū. Tā lái zhèlǐ shì wèi le nádào qiānshǔ de tōngguān wénshū."

Dàoshì shuō, "Qù xīfāng de lù hěn hēi'àn. Méiyǒu shénme hǎo." Ránhòu tā yòu shuō, "Wǒmen tīngshuō, rúguǒ yí gè héshang shì fózǔ de túdì, tā kěyǐ yǒngyuǎn huózhe."

Tángsēng shuō,

"Sēngrén zhīdào wànwù dōu shì kōng

Tā shēnghuó zài bù shēng de dìfāng

Tā zài bù yǔ zhòng kàndào zhēn àomì

Tā méiyǒu bèi Sān Jiè kùn zhù

Rúguǒ xiǎng yào zhīshì, bìxū dǒng xīn

Jìng jìng de zuòzhe

从哪里来？"

"他被唐皇帝送去西天取经书。他来这里是为了拿到签署的通关文书。"

道士说，"去西方的路很黑暗。没有什么好。"然后他又说，"我们听说，如果一个和尚是佛祖的徒弟，他可以永远活着。"

唐僧说，

　"僧人知道万物都是空
　他生活在不生的地方
　他在不语中看到真奥秘
　他没有被三界[8]困住
　如果想要知识，必须懂心
　静静地坐着

---

[8] In Buddhism there are three destinations for karmic rebirth: the worlds of desire, form, and formlessness. The human world is the world of desire and is populated by humans, animals, hungry ghosts, as well as some godlike creatures.

Ràng chúnjié de xīn míngliàng

Tā zhào liàng suǒyǒu de xiǎngfǎ

Yǒu dà zhìhuì de rén kànqǐlái hěn bèn

Tā zhīdào bú zuò jiùshì zuò

Zuì hǎo de jìhuá bù xūyào qù xiǎng

Yīn wéi yíqiè dōu bìxū fàngxià

Xiǎng yào tōngguò dānyào lái chángshēng shì fēicháng bèn de bànfǎ

Fàngxià yíqiè, ràng nǐ de tóunǎo fàngkōng

Jiǎndān shēnghuó, fàngxià yùwàng

Zhèyàng, nǐ jiāng yǒngyuǎn bù tíng de xiǎngshòu shēnghuó."

Guówáng de yuèfù tīng le hòu, tā xiào le qǐlái. "Nǐ zài húshuō shénme!" tā shuō. "Nǐ shuō yào rènshi xiànshí, dànshì yǒuguān xiànshí láizì nǎlǐ, nǐ qíshí shénme dōu bù zhīdào. Tīng wǒ shuō,

Zuò zuò zuò, nǐ de pìgu huì hěn tòng

Wán huǒ, nǐ huì bèi shāoshāng

让纯洁[9]的心明亮

它照亮所有的想法

有大智慧的人看起来很笨

他知道不做就是做

最好的计划不需要去想

因为一切都必须放下

想要通过丹药来长生是非常笨的办法

放下一切，让你的头脑放空

简单生活，放下欲望

这样，你将永远不停地享受生活。"[10]

国王的岳父听了后，他笑了起来。"你在胡说什么！"他说。"你说要认识现实[11]，但是有关现实来自哪里，你其实什么都不知道。听我说，

坐坐坐，你的屁股会很痛

玩火，你会被烧伤

---

[9] 纯(洁) chún (jié) – pure
[10] These lines, spoken by a Buddhist monk in defense of Buddhism, are actually taken from a poem called "Rhymeprose on the Ground of the Mind" in the *Minghe Yuyin* (鸣鹤余音), a 14th century collection of Daoist poems by various authors. Several of the lines echo lines from the *Dao De Jing*.
[11] 现实 xiànshí – reality

Qiú chángshēng de rén gǔ yìng

Qiúdào de rén jīngshén qiángdà

Wǒ qù shānshàng jiàn wǒ de péngyǒu

Wǒ dédào le yìbǎi zhǒng cǎoyào lái bāngzhù shìjiè

Wǒ chànggē, rénmen pāishǒu

Wǒ tiàowǔ, ránhòu wǒ zài yún shàng xiūxi

Wǒ jiǎng dào, wǒ jiào Lǎozi de dào

Wǒ yòng shèngshuǐ chú yāoguài

Wǒ cóng tàiyáng hé yuèliang nàlǐ dédào lìliàng

Wǒ hùnhé yīnyáng lái zuò shénqí de dānyào

Wǒ qí lán fènghuáng dào zǐ gōng

Wǒ qí bái niǎo dào yùchéng

Zài nàlǐ, wǒ jiàndào tiānshén

Hé nǐmen jí jìng de fójiào shì duōme de bùtóng

Nǐmen hépíng de hēi'àn

Tā yǒngyuǎn bú huì ràng nǐmen qù dào zhège shìjiè zhī shàng

Wǒ de àomì zuì gāojí

Wǒ de dào zuì wěidà!"

求长生的人骨硬

求道的人精神强大

我去山上见我的朋友

我得到了一百种草药来帮助世界

我唱歌，人们拍手

我跳舞，然后我在云上休息

我讲道，我教老子的道

我用圣水除妖怪

我从太阳和月亮那里得到力量

我混合阴阳来做神奇的丹药

我骑蓝凤凰到紫宫

我骑白鸟到玉城

在那里，我见到天神

和你们极静的佛教是多么的不同

你们和平的黑暗

它永远不会让你们去到这个世界之上

我的奥秘最高级

我的道最伟大！"[12]

---

[12] These lines, spoken by a Daoist in defense of Daoism, are taken from the same poem as the previous one!

Dāng tā shuō wán shí, guówáng hé tā de dàchénmen dà hǎn, "Shuō dé tàihǎo le! Dào zuì wěidà!" Tángsēng kànzhe zìjǐ de xiézi, shénme yě méi shuō. Guówáng mìnglìng wèi Táng sēng jǔxíng sùshí yànhuì. Tángsēng chī wán fàn, xiè le guówáng, zhuǎnshēn líkāi. Zǒu de shíhòu, Sūn Wùkōng fēi dào tā ěr biān shuō, "Shīfu, zhège yuèfù shì ge xié jīng. Guówáng zài tā de kòngzhì xià. Qǐng huí Jīn Tíng Guǎnyì. Wǒ huì liú zài zhèlǐ, liǎojiě gèng duō de qíngkuàng."

Tángsēng líkāi le wánggōng. Sūn Wùkōng liú xiàlái tīng xiāoxi. Yí wèi dàjiàng jìnlái xiàng guówáng bàogào shuō, "Bìxià, zuó wǎn yízhèn lěngfēng chuīguò chéngshì. Tā bǎ lóngzi lǐ suǒyǒu de xiǎo nánhái dōu dài zǒu le."

"Tài kěpà le!" Guówáng hǎn dào. "Zhèn yǐjīng bìng le jǐ gè yuè le. Zhèn xūyào zhèxiē nánhái. Yuèfù, zhèn zěnme cáinéng zài hǎo qǐlái?"

"Bù, zhè shì yígè hǎo xiāoxi," dàoshì shuō. "Wǒmen bú zài xūyào nàxiē nánhái le. Dāng wǒ kàndào Tángsēng shí, wǒ mǎshàng jiù zhīdào tā yǐjīng zuò le shí shēng de héshang. Zài tā měi yícì de

当他说完时，国王和他的大臣们大喊，"说得太好了！道最伟大！"唐僧看着自己的鞋子，什么也没说。国王命令为唐僧举行素食宴会。唐僧吃完饭，谢了国王，转身离开。走的时候，孙悟空飞到他耳边说，"师父，这个岳父是个邪精。国王在他的控制下。请回金亭馆驿。我会留在这里，了解更多的情况。"

唐僧离开了王宫。孙悟空留下来听消息。一位大将进来向国王报告说，"陛下，昨晚一阵冷风吹过城市。它把笼子里所有的小男孩都带走了。"

"太可怕了！"国王喊道。"朕已经病了几个月了。朕需要这些男孩。岳父，朕怎么才能再好起来？"

"不，这是一个好消息，"道士说。"我们不再需要那些男孩了。当我看到唐僧时，我马上就知道他已经做了十生的和尚。在他每一次的

shēngmìng zhōng, tā de yáng qì biàn dé yuè lái yuè duō. Rúguǒ nǐ néng yòng tā de xīn zuò tāng, bǎ tāng hé wǒ de dānyào hùnhé zài yìqǐ, nǐ jiù kěyǐ huó yí wàn nián!"

Bèn guówáng huídá shuō, "Nǐ wèishénme bù zǎo yìdiǎn gàosù wǒ? Tā zài zhèlǐ de shíhòu, wǒ shì kěyǐ shā le tā, qǔ le tā de xīn."

"Zhè búshì wèntí. Xiànzài tā kěnéng zài Jīn Tíng Guǎnyì. Mìnglìng guān chéng mén. Bǎ nǐ de shìbīng sòng wǎng Jīn Tíng Guǎnyì. Gàosù tāmen bǎ Tángsēng dài huí gōng lǐ. Dāng tā lái dào shí, lǐmào de wèn tā yào tā de xīn. Gàosù tā, nǐ jiāng wèi tā jiàn yízuò shénshè. Rúguǒ tā jùjué, jiù bǎ tā bǎng qǐlái, bǎ tā de xīnzàng wā chūlái. Zhè búshì hěn róngyì ma?"

Guówáng tóngyì le. Tā mìnglìng guān chéng mén, ràng shìbīng bāowéi Jīn Tíng Guǎnyì.

Sūn Wùkōng hěn kuài fēi huí Jīn Tíng Guǎnyì. Tā biàn huí le tā zìjǐ de yàngzi, xiàng Tángsēng shuō le tā gāngcái tīngdào de yíqiè. Tángsēng xià

生命中，他的阳气变得越来越多[13]。如果你能用他的心做汤，把汤和我的丹药混合在一起，你就可以活一万年！"

笨国王回答说，"你为什么不早一点告诉我？他在这里的时候，我是可以杀了他，取了他的心。"

"这不是问题。现在他可能在金亭馆驿。命令关城门。把你的士兵送往金亭馆驿。告诉他们把唐僧带回宫里。当他来到时，礼貌地问他要他的心。告诉他，你将为他建一座神社。如果他拒绝，就把他绑起来，把他的心脏挖出来。这不是很容易吗？"

国王同意了。他命令关城门，让士兵包围金亭馆驿。

孙悟空很快飞回金亭馆驿。他变回了他自己的样子，向唐僧说了他刚才听到的一切。唐僧吓

---

[13] Daoists believe that male energy, *yang*, accumulates in a man's body but is depleted during sex. Thus, a celibate monk can store up a great deal of *yang* over the course of ten lifetimes.

huài le, dàn Sūn Wùkōng shuō, "Yào xiǎng huó xiàqù, lǎo de yāo biàn niánqīng, niánqīng de yāo biàn lǎo."

Shā wèn dào, "Gēge, nǐ zhè shì shénme yìsi?"

Dàn Tángsēng shuō, "Méi guānxì. Rúguǒ nǐ néng jiù wǒ de shēngmìng, wǒ huì zuò rènhé nǐ shuō de shì."

Sūn Wùkōng ràng Zhū nòng yìxiē ní. Zhū yòng bàzi wā le yìxiē tǔ, dàn tā bùnéng líkāi Jīn Tíng Guǎnyì qù qǔ shuǐ. Suǒyǐ tā lā kāi tā de cháng yī, zài tǔ shàng niào niào, bǎ tǔ hé niào hùnhé zài yìqǐ, zuò le yígè hěn nán wén de ní qiú. Tā bǎ qiú gěi Sūn Wùkōng. Hóuzi bǎ ní nòng píng, mǒ zài zìjǐ de liǎn shàng, ràng tā biàn chéng tā liǎn de yàngzi. Ránhòu tā bǎ tā cóng liǎn shàng lā xiàlái, ná zài shǒu lǐ.

Tā gàosù Tángsēng zhànzhe búyào dòng. Ránhòu tā bǎ nán wén de ní mǒ zài Tángsēng de liǎn shàng, shuō le yìxiē mó yǔ. Xiànzài Tángsēng kànqǐlái jiù xiàng hóuzi yíyàng. Tángsēng hé Sūn Wùkōng hùxiāng huàn le yīfú. Tángsēng chuān shàng le hóuzi de hǔ pí qún. Sūn Wùkōng chuān shàng le sēngyī. Sūn Wùkōng yòu zài shuō le jǐ jù mó yǔ, hěn róngyì de biàn

坏了，但孙悟空说，"要想活下去，老的要变年轻，年轻的要变老。"

沙问道，"哥哥，你这是什么意思？"

但唐僧说，"没关系。如果你能救我的生命，我会做任何你说的事。"

孙悟空让猪弄一些泥[14]。猪用耙子挖了一些土，但他不能离开金亭馆驿去取水。所以他拉开他的长衣，在土上尿尿，把土和尿混合在一起，做了一个很难闻的泥球。他把球给孙悟空。猴子把泥弄平，抹在自己的脸上，让它变成他脸的样子。然后他把它从脸上拉下来，拿在手里。

他告诉唐僧站着不要动。然后他把难闻的泥抹在唐僧的脸上，说了一些魔语。现在唐僧看起来就像猴子一样。唐僧和孙悟空互相换了衣服。唐僧穿上了猴子的虎皮裙。孙悟空穿上了僧衣。孙悟空又再说了几句魔语，很容易地变

---

[14] 泥 　　　ní – mud

chéng le Tángsēng.

Gāng shuō wán, tāmen kàndào Jīn Tíng Guǎnyì qiánmiàn shì yípiàn cháng máo hé jiàn de sēnlín. Sānqiān míng shìbīng bāowéi le zhè dòng lóu. Yì míng guānyuán zǒu jìn Jīn Tíng Guǎnyì. Tā duì jīnglǐ shuō, "Cóng Táng dìguó lái de jūnzǐ zài nǎlǐ?"

"Nà biān, zài kèrén de fángjiān lǐ," jīnglǐ shuō, tā xià huài le.

Guānyuán zǒu jìn kèrén de fángjiān, shuō, "Yéye, bìxià qǐng nǐ qù gōngdiàn." Jiǎ héshang zǒuchū kèrén fángjiān, Zhū hé Shā zài tā de liǎngbiān.

成了<u>唐僧</u>。

刚说完,他们看到<u>金亭馆驿</u>前面是一片长矛和剑的森林。三千名士兵包围了这栋楼。一名官员走进<u>金亭馆驿</u>。他对经理说,"从<u>唐</u>帝国来的君子在哪里?"

"那边,在客人的房间里,"经理说,他吓坏了。

官员走进客人的房间,说,"爷爷,陛下请你去宫殿。"假和尚走出客人房间,<u>猪</u>和<u>沙</u>在他的两边。

Dì 79 Zhāng

Jiǎ Tángsēng bèi shìbīng bāowéizhe zǒuxiàng gōngdiàn. Dāng tāmen lái dào gōngdiàn shí, dàchén zài gōngdiàn ménkǒu duì tàijiān shuō, "Qǐng gàosù bìxià, wǒmen yǐjīng bǎ Táng sēng dài lái le."

Tàijiān bǎ zhè gàosù le guówáng. Guówáng mìnglìng bǎ héshang dài rù bǎozuò fángjiān. Fángjiān lǐ de měi gè rén dōu guì zài guówáng miànqián, chú le jiǎ Tángsēng, tā réngrán zhànzhe. Tā dà hǎn, "Bǐqiū wáng, nǐ wèishénme bǎ wǒ dài dào zhèlǐ lái?"

"Zhèn yǐjīng bìng le hěnjiǔ le," guówáng huídá shuō. "Zhèn de yuèfù wèi zhèn zuò le yì zhǒng chángshēng dānyào, dàn zhèn xūyào zài jiā yìdiǎn xiǎo dōngxi. Nǐ yǒu nàge dōngxi. Rúguǒ nǐ bǎ tā gěi zhèn, zhèn huì wèi nǐ jiàn yízuò miào. Sì gè jìjié lǐ, rénmen dōuhuì zài miào lǐ qídǎo, tāmen jiāng yǒngyuǎn wèi nǐ shāoxiāng."

"Wǒ shì yígè pǔtōng de héshang. Wǒ méishénme kěyǐ gěi nǐ de."

"Nǐ yǒu zhèn xūyào de dōngxi. Zhèn xūyào nǐ de xīn."

Jiǎ Tángsēng xiàozhe shuō, "Bìxià, wǒ yǒu hěnduō xīn. Nǐ xiǎng yào

第 79 章

假唐僧被士兵包围着走向宫殿。当他们来到宫殿时,大臣在宫殿门口对太监说,"请告诉陛下,我们已经把唐僧带来了。"

太监把这告诉了国王。国王命令把和尚带入宝座房间。房间里的每个人都跪在国王面前,除了假唐僧,他仍然站着。他大喊,"比丘王,你为什么把我带到这里来?"

"朕已经病了很久了,"国王回答说。"朕的岳父为朕做了一种长生丹药,但朕需要再加一点小东西。你有那个东西。如果你把它给朕,朕会为你建一座庙。四个季节里,人们都会在庙里祈祷,他们将永远为你烧香。"

"我是一个普通的和尚。我没什么可以给你的。"

"你有朕需要的东西。朕需要你的心。"

假唐僧笑着说,"陛下,我有很多心。你想要

nǎ yígè?"

Guówáng hěn chījīng. Tā shuō, "Zhèn yào nǐ de hēi xīn."

"Hǎo ba. Gěi wǒ yì bǎ dāo, wǒ huì dǎkāi wǒ de xiōng. Rúguǒ wǒ xiōng lǐ yǒu yì kē hēi xīn, wǒ huì hěn yuànyì bǎ tā gěi nǐ."

Guówáng mìnglìng tā de yígè guānyuán gěi jiǎ héshang yì bǎ dāo. Jiǎ Tángsēng dǎkāi cháng yī, zuǒshǒu zài xiōng qián, yòng dāo shēn shēn de qiè le xiàqù. Tā de xiōng bèi dǎkāi, yì duī xīn diào chūlái. Diào zài le dìshàng, liúzhe xuě. Jiǎ héshang yígè yígè de bǎ tāmen náqǐ, jǔ qǐlái ràng dàjiā kàn. Yǒu yì kē hóng xīn, yì kē bái xīn, yì kē huáng xīn. Hái yǒu yì kē xié'è de xīn, yì kē hàipà de xīn, yì kē jǐnshèn de xīn, yì kē méiyǒu míngzì de xīn. Dànshì méiyǒu hēi xīn.

Guówáng xiàhuài le. Tā dà hǎn, "Bǎ tāmen ná zǒu, bǎ tāmen ná zǒu!"

Sūn Wùkōng bùxiǎng zài děng le. Tā biàn huí le tā zìjǐ de yàngzi. Tā náqǐ xīnzàng, bǎ tāmen fàng huí dào tā de xiōng lǐ. Ránhòu tā

哪一个？"

国王很吃惊。他说，"朕要你的黑心。"

"好吧。给我一把刀，我会打开我的胸。如果我胸里有一颗黑心，我会很愿意把它给你。"

国王命令他的一个官员给假和尚一把刀。假<u>唐僧</u>打开长衣，左手在胸前，用刀深深地切了下去。他的胸被打开，一堆心掉出来。掉在了地上，流着血。假和尚一个一个地把它们拿起，举起来让大家看。有一颗红心，一颗白心，一颗黄心。还有一颗邪恶的心，一颗害怕的心，一颗谨慎[15]的心，一颗没有名字的心。但是没有黑心。

国王吓坏了。他大喊，"把它们拿走，把它们拿走！"

<u>孙悟空</u>不想再等了。他变回了他自己的样子。他拿起心脏，把它们放回到他的胸里。然后他

---

[15] 谨慎　　　jǐnshèn – cautious

shuō, "Bìxià, nǐ yǒu yǎnjīng, dàn nǐ kànbújiàn. Wǒmen héshang dōu shì yípiàn hǎoxīn. Zhǐyǒu nǐ de yuèfù yǒu yì kē hēi è de xīn."

Dàoshì kàndào héshang yǐjīng biàn wéi Sūn Wùkōng. Tā fēi dào yún shàng. Sūn Wùkōng tiào dào kōngzhōng, dà hǎn, "Nǐ yào qù nǎlǐ? Shì shì wǒ de bàng!"

Liǎng rén kāishǐ zài bànkōng zhōng dǎ qǐlái. Sūn Wùkōng yòng tā de jīn gū bàng zá xiàng dàoshì de tóu. Dàoshì yòng tā de lóngtóu guǎizhàng dǎngzhù le zhè yì jī. Hóuzi de bàng jiù xiàng yì zhī cóng shāndǐng tiào xiàlái de lǎohǔ, dàoshì de guǎizhàng jiù xiàng yìtiáo cóng hǎi zhōng chūlái de lóng. Tiānkōng zhōng mǎn shì wùqì. Guówáng xiàhuài le, pǎo qù duǒ le qǐlái.

Hóuzi hé dàoshì zhàndòu le èrshí gè láihuí. Dàoshì lèi le. Tā biàn chéng yídào bīnglěng de guāng, fēi dào guówáng de shuìjiào fángjiān, zhǎo tā de nǚ'ér. Tā yě biàn chéng le yídào bīnglěng de guāng. Tāmen liǎng gè rén yìqǐ xiāoshī le.

Sūn Wùkōng huídào le wánggōng. Tā duì dàchénmen shuō, "N, nà shì nǐmen guówáng de yuèfù." Dàchénmen xiàng tā jūgōng, gǎnxiè tā. Sūn Wùkōng huī le huī shǒu, shuō, "Bié zài jūgōng le, qù

说，"陛下，你有眼睛，但你看不见。我们和尚都是一片好心。只有你的岳父有一颗黑恶的心。"

道士看到和尚已经变为孙悟空。他飞到云上。孙悟空跳到空中，大喊，"你要去哪里？试试我的棒！"

两人开始在半空中打起来。孙悟空用他的金箍棒砸向道士的头。道士用他的龙头拐杖挡住了这一击。猴子的棒就像一只从山顶跳下来的老虎，道士的拐杖就像一条从海中出来的龙。天空中满是雾气。国王吓坏了，跑去躲了起来。

猴子和道士战斗了二十个来回。道士累了。他变成一道冰冷的光，飞到国王的睡觉房间，找他的女儿。她也变成了一道冰冷的光。他们两个人一起消失了。

孙悟空回到了王宫。他对大臣们说，"嗯，那是你们国王的岳父。"大臣们向他鞠躬，感谢他。孙悟空挥了挥手，说，"别再鞠躬了，去

zhǎo nǐmen de guówáng."

Dàchénmen zǒu jìn guówáng de shuìjiào fángjiān. Guówáng búzài nàlǐ. Nǚhái yě búzài nàlǐ. Ránhòu jiàn sì, wǔ gè tàijiān zǒu jìn bǎozuò fángjiān, bāngzhe guówáng zǒulù. Dàchénmen gàosù guówáng fāshēng le shénme shì. Guówáng duì Sūn Wùkōng kētóu shuō, "Xiānshēng, nǐ jīntiān zǎoshàng lái zhèlǐ de shíhòu, nǐ hěn hǎokàn, wèishénme nǐ xiànzài kànqǐlái bù yíyàng le?"

Sūn Wùkōng huídá shuō, "Bìxià, jīntiān zǎoshàng, nǐ yǐwéi nǐ zài hé wǒ de shīfu shèng sēng Tángsēng shuōhuà. Tā shì Táng huángdì de dìdi. Wǒ shì tā de dà túdì. Wǒ de liǎng gè xiōngdì túdì yě zài zhèlǐ. Wǒ lái zhèlǐ shì wèi le dǎbài yāoguài, yīnwèi wǒ zhīdào tā xiǎng shā sǐ wǒ de shīfu, yòng tā de xīn zuò tāng."

Guówáng mìnglìng tā de dàchénmen qù Jīn Tíng Guǎnyì qǐng Tángsēng hé lìngwài liǎng gè túdì. Dāngrán, Tángsēng liǎn shàng háishì dàizhe ní miànjù, kànshàngqù xiàng Sūn Wùkōng. Dàchénmen hěn kùnhuò, dàn Tángsēng jiěshì shuō, tā kànshàngqù xiàng Sūn Wùkōng, shì yīnwèi tā dàizhe miànjù. Tángsēng dàizhe Zhū hé Shā, hé dàchénmen yìqǐ zǒuxiàng wánggōng. Tā

找你们的国王。"

大臣们走进国王的睡觉房间。国王不在那里。女孩也不在那里。然后见四、五个太监走进宝座房间,帮着国王走路。大臣们告诉国王发生了什么事。国王对孙悟空磕头说,"先生,你今天早上来这里的时候,你很好看,为什么你现在看起来不一样了?"

孙悟空回答说,"陛下,今天早上,你以为你在和我的师父圣僧唐僧说话。他是唐皇帝的弟弟。我是他的大徒弟。我的两个兄弟徒弟也在这里。我来这里是为了打败妖怪,因为我知道他想杀死我的师父,用他的心做汤。"

国王命令他的大臣们去金亭馆驿请唐僧和另外两个徒弟。当然,唐僧脸上还是戴着泥面具[16],看上去像孙悟空。大臣们很困惑,但唐僧解释说,他看上去像孙悟空,是因为他戴着面具。唐僧带着猪和沙,和大臣们一起走向王宫。他

---

[16] 面具　　　　miànjù – mask

men lái dào wánggōng shí, Sūn Wùkōng lā diào le tā shīfu liǎn shàng de ní miànjù, shuō le jǐ jù mó yǔ. Tángsēng kàn qǐlái yòu xiàng Tángsēng le.

Sūn Wùkōng zhuǎnxiàng guówáng wèn dào, "Bìxià, nǐ zhīdào zhè liǎng gè yāoguài shì cóng nǎlǐ lái de ma? Wǒmen yīnggāi zhuā zhù tāmen, zhèyàng tāmen jiù bú huì zàochéng gèng duō de máfan."

Guówáng huídá shuō, "Sān nián qián tā lái dào zhèlǐ shí, tā shuō tā láizì Qīnghuá Cūn, zài lí zhèlǐ xiàng nán qīshí lǐ zuǒyòu yígè jiào Liǔlín Pō de dìfang. Tā méiyǒu érzi, zhǐyǒu yígè dì èr wèi qīzi shēng de nǚ'ér. Tā hái méiyǒu jiéhūn, suǒyǐ tā shì tā sòng gěi zhèn de lǐwù. Zhèn ài tā, ràng tā chéngwéi le gōng zhōng de fēizi. Dàn guò le yíduàn shíjiān, zhèn bìng dé hěn zhòng. Yāoguài shuō tā yǒu dānyào, dàn tā xūyào 1,111 míng niánqīng nánhái de xīnzàng. Wǒ hěn bèn, xiāngxìn le tā."

"Zhèxiē nánhái shì shénme shíhòu bèi shā de?" Tángsēng wèn.

"Tāmen jīntiān yào cóng nàxiē nánhái nàlǐ qǔ xīnzàng. Zhèn bù zhīdào nǐ huì lái zhèlǐ bǎ nánháimen dài zǒu. Dàn xié'è de yāoguài gàosù zhèn, nǐ shí shēng dōu shì shèng sēng. Tā shuō, yīnwèi nǐ de yángqì

们来到王宫时，孙悟空拉掉了他师父脸上的泥面具，说了几句魔语。唐僧看起来又像唐僧了。

孙悟空转向国王问道，"陛下，你知道这两个妖怪是从哪里来的吗？我们应该抓住他们，这样他们就不会造成更多的麻烦。"

国王回答说，"三年前他来到这里时，他说他来自清华村，在离这里向南七十里左右一个叫柳林坡的地方。他没有儿子，只有一个第二位妻子生的女儿。她还没有结婚，所以她是他送给朕的礼物。朕爱她，让她成为了宫中的妃子。但过了一段时间，朕病得很重。妖怪说他有丹药，但它需要1,111名年轻男孩的心脏。我很笨，相信了他。"

"这些男孩是什么时候被杀的？"唐僧问。

"他们今天要从那些男孩那里取心脏。朕不知道你会来这里把男孩们带走。但邪恶的妖怪告诉朕，你十生都是圣僧。他说，因为你的阳气

hěn qiáng, yòng nǐ de xīn zuò de dānyào huì bǐ yòng nàxiē nánhái de xīn zuò de dānyào gèng qiángdà. Zhèn gǎndào kùnhuò, zhèn nà shí méiyǒu rènshí dào zhè shì duōme de xié'è. Zhèn fēicháng gǎnxiè nǐ. Xiànzài, qǐng yòng nǐ jùdà de mólì lái zǔzhǐ zhège xié'è de yāoguài. Zhèn jiāng bǎ zhèn guójiā lǐ suǒyǒu de yíqiè dōu gěi nǐ."

Sūn Wùkōng shuō, "Shuō zhēn huà, bǎ nánháimen dài chū chéng wài shì wǒ shīfu de zhǔyì. Suǒyǐ wǒ jiù nàyàng zuò le. Qǐng búyào shuō guānyú gěi wǒmen cáifù de shì. Wǒ zhǐ xiǎng zhuā dào nàge xié'è de yāoguài. Zhū, wǒmen zǒu ba."

Zhū bǎ shǒu fàng zài dùzi shàng, shuō, "Wǒ xiǎng gēnzhe nǐ, gēge, dàn wǒ de dùzi shì kōng de!" Guówáng wèi zhū rén ānpái le yí dà dùn sùshí fàn. Zhū bǎ suǒyǒu de dōngxi dōu chī le, ránhòu tā dào kōngzhōng, hé Sūn Wùkōng yìqǐ fēi zǒu le.

Liǎng gè túdì xiàng nán fēi le qīshí lǐ, cái lái dào le Liǔlín Pō. Tāmen cóng yún shàng wǎng xià kàn. Tāmen méiyǒu kàn dào Qīnghuá Cūn, zhǐ kàndào yì gǔ qīng xī zài qiān qiān wàn wàn kē liǔshù zhījiān liúguò. Sūn Wùkōng shuō le yìxiē mó yǔ jiào lái tǔdì shén.

Tǔdì shén lái le. Tā kànqǐlái hěn dānxīn. Tā guì xià shuō,

很强，用你的心做的丹药会比用那些男孩的心做的丹药更强大。朕感到困惑，朕那时没有认识到这是多么的邪恶。朕非常感谢你。现在，请用你巨大的魔力来阻止这个邪恶的妖怪。朕将把朕国家里所有的一切都给你。"

孙悟空说，"说真话，把男孩们带出城外是我师父的主意。所以我就那样做了。请不要说关于给我们财富的事。我只想抓到那个邪恶的妖怪。猪，我们走吧。"

猪把手放在肚子上，说，"我想跟着你，哥哥，但我的肚子是空的！"国王为猪人安排了一大顿素食饭。猪把所有的东西都吃了，然后他到空中，和孙悟空一起飞走了。

两个徒弟向南飞了七十里，才来到了柳林坡。他们从云上往下看。他们没有看到清华村，只看到一股清溪在千千万万颗柳树之间流过。孙悟空说了一些魔语叫来土地神。

土地神来了。他看起来很担心。他跪下说，

"Dà shèng, Liǔlín Pō de tǔdì shén xiàng nǐ kētóu."

Sūn Wùkōng shuō, "Bié dānxīn, wǒ bú huì dǎ nǐ de. Gàosù wǒ, Qīnghuá Cūn zài nǎlǐ?"

"Wǒmen yǒu yígè Qīnghuá Dòng, dàn méiyǒu Qīnghuá Cūn. Nǐ wèishénme wèn zhège?"

"Bǐqiū wáng bèi yígè xié'è de yāoguài piàn le. Dàn wǒ kàn dào yāoguài zhēn de yàngzi. Wǒ zài zhàndòu zhōng dǎbài le tā. Yāoguài fēi zǒu le, biàn chéng le yídào bīnglěng de guāng. Guówáng shuō, yāoguài láizì Liǔlín Pō de Qīnghuá Cūn. Wǒ kàndào le shān, dàn wǒ méiyǒu kàndào rènhé cūnzhuāng."

"Dà shèng, wǒ xiǎng bāngzhù nǐ. Dàn xié'è de yāoguài yǒu hěn dà de lìliàng. Rúguǒ wǒ bāngzhù nǐ, tā huì zhòngzhòng de chéngfá wǒ. Suǒyǐ wǒ bùnéng gàosù nǐ Qīnghuá Cūn zài nǎlǐ. Dànshì, wǒ kěyǐ bāng nǐ zhǎodào Qīnghuá Dòng. Qù xiǎo xī de nánbian. Zhǎodào yì kē yǒu jiǔ gēn shùzhī de liǔshù. Cóng zuǒ dào yòu wéizhe shù zǒu sān quān, ránhòu cóng yòu dào zuǒ zài zǒu sān quān. Shuāngshǒu fàng zài shù shàng, hǎn sān shēng, 'kāimén.' Nǐ jiù huì kàndào dòng."

Sūn Wùkōng gàosù tǔdì shén, tā kěyǐ zǒu le. Sūn Wùkōng hěn kuài

"大圣，柳林坡的土地神向你磕头。"

孙悟空说，"别担心，我不会打你的。告诉我，清华村在哪里？"

"我们有一个清华洞，但没有清华村。你为什么问这个？"

"比丘王被一个邪恶的妖怪骗了。但我看到妖怪真的样子。我在战斗中打败了他。妖怪飞走了，变成了一道冰冷的光。国王说，妖怪来自柳林坡的清华村。我看到了山，但我没有看到任何村庄。"

"大圣，我想帮助你。但邪恶的妖怪有很大的力量。如果我帮助你，他会重重地惩罚我。所以我不能告诉你清华村在哪里。但是，我可以帮你找到清华洞。去小溪的南边。找到一棵有九根树枝的柳树。从左到右围着树走三圈，然后从右到左再走三圈。双手放在树上，喊三声，'开门。'你就会看到洞。"

孙悟空告诉土地神，他可以走了。孙悟空很快

zhǎodào le nà kē yǒu jiǔ gēn shùzhī de shù. Tā duì Zhū shuō, "Zài zhèlǐ děngzhe. Wǒ qù jiào kāimén. Wǒ huì zhǎodào xié'è de yāoguài, bǎ tā gǎn chū shāndòng. Nǐ kàn dào tā shí, qǐng bāng wǒ dǎbài tā." Zhū tóngyì le.

Sūn Wùkōng cóng zuǒ dào yòu wéizhe shù zǒu le sān quān, ránhòu yòu cóng yòu dào zuǒ zǒu le sān quān. Tā bǎ shuāngshǒu fàng zài shù shàng, hǎn le sān shēng, "Kāimén!" Shù mǎshàng xiāoshī le. Liǎng shàn mén dǎkāi. Zài mén lǐ, tā kěyǐ kàndào míngliàng de wùqì. Tā pǎo jìn le shāndòng.

Dòng lǐmiàn hěn piàoliang. Báisè wùqì cóng shāndòng lǐ piāo chū. Bùtóng yánsè de qíguài de huā gài mǎn le dìmiàn. Mìfēng hé húdié cóng yì duǒ huā fēi dào lìng yì duǒ huā. Kōngqì xiàng chūntiān yíyàng wēnnuǎn.

 Sūn Wùkōng pǎoguò shāndòng. Tā kàndào yíkuài shítou zuò de páizi, shàngmiàn xiězhe, "Qīnghuá Xiān Gōng." Tā wéizhe shítou páizi pǎo. Shítou páizi de hòumiàn shì xié'è de yāoguài hé měilì de nǚhái. Tāmen liǎ yìqǐ shuō, "Wǒmen jìhuà le sān nián. Tā jiāng zài jīntiān wánchéng. Dàn nà zhī wúchǐ de húsūn huǐ le zhè yí

找到了那棵有九根树枝的树。他对猪说,"在这里等着。我去叫开门。我会找到邪恶的妖怪,把他赶出山洞。你看到他时,请帮我打败他。"猪同意了。

孙悟空从左到右围着树走了三圈,然后又从右到左走了三圈。他把双手放在树上,喊了三声,"开门!"树马上消失了。两扇门打开。在门里,他可以看到明亮的雾气。他跑进了山洞。

洞里面很漂亮。白色雾气从山洞里飘出。不同颜色的奇怪的花盖满了地面。蜜蜂和蝴蝶[17]从一朵花飞到另一朵花。空气像春天一样温暖。

孙悟空跑过山洞。他看到一块石头做的牌子,上面写着,"清华仙宫。"他围着石头牌子跑。石头牌子的后面是邪恶的妖怪和美丽的女孩。他们俩一起说,"我们计划了三年。它将在今天完成。但那只无耻的猢狲毁了这一

---

[17] 蝴蝶　　húdié – butterfly

qiè!"

Sūn Wùkōng bá chū jīn gū bàng, dà hǎn dào, "Nǐmen zhèxiē hěn bèn de rén, nǐmen zài shuō shénme? Shì shì wǒ de bàng!" Xié'è de yāoguài náqǐ tā de lóng guǎizhàng. Tāmen kāishǐ zài shāndòng lǐ dǎ le qǐlái.

Zhēnshì yì chǎng zhàndòu! Jīnsè de guāng cóng bàng shàng shèchū. Fènnù de wùqì cóng guǎizhàng shàng fāchū. Yāoguài hǎn dào, "Nǐ zěnme gǎn jìn wǒ de shāndòng!"

"Wǒ shì lái dǎbài yāoguài de!" Sūn Wùkōng huídá.

"Wǒ duì guówáng de ài hé nǐ méiyǒu guānxì, nǐ wèishénme yào duì zhè gǎn xìngqù?"

"Héshang zuò de shì shì réncí. Wǒmen bùnéng ràng nǐ shā sǐ zhèxiē xiǎo nánhái."

Tāmen jìxù zhàndòu. Tāmen cǎi zài měilì de huāduǒ shàng. Mìfēng hé húdié fēi chū le shāndòng. Dòng lǐ míngliàng de wùqì biàn dé hēi'àn. Zhǐ shèngxià hóuzi hé xié'è de yāoguài. Tāmen de zhàndòu fān qǐ le juǎn dì páoxiāo de dàfēng. Màn màn de, tāmen de zhàndòu ràng

切！"

孙悟空拔出金箍棒，大喊道，"你们这些很笨的人，你们在说什么？试试我的棒！"邪恶的妖怪拿起他的龙拐杖。他们开始在山洞里打了起来。

真是一场战斗！金色的光从棒上射出。愤怒的雾气从拐杖上发出。妖怪喊道，"你怎么敢进我的山洞！"

"我是来打败妖怪的！"孙悟空回答。

"我对国王的爱和你没有关系，你为什么要对这感兴趣？"

"和尚做的事是仁慈。我们不能让你杀死这些小男孩。"

他们继续战斗。他们踩在美丽的花朵上。蜜蜂和蝴蝶飞出了山洞。洞里明亮的雾气变得黑暗。只剩下猴子和邪恶的妖怪。他们的战斗翻起了卷地咆哮的大风。慢慢地，他们的战斗让

tāmen qù le dòngkǒu de fāngxiàng, Zhū zhèng děng zài nàlǐ.

Zhū tīngdào le zhàndòu de shēngyīn. Tā zhēn de hěn xiǎng jiārù zhàndòu, dànshì tā méiyǒu bànfǎ jiārù, suǒyǐ tā yòng tā de bàzi jī dǎo le jiǔ zhī liǔshù. Shù dǎo zài dìshàng, shēnyínzhe. Zhū shuō, "Ó, zhè kē shù chéng jīng le!"

Ránhòu yāoguài pǎo chū le shāndòng. Zhū chōng shàngqù, tā bǎ bàzi gāo gāo jǔqǐ, xiàng yāoguài jī qù. Lǎo yāoguài kàn chū tā méiyǒu bànfǎ yíng zhè chǎng zhàndòu. Tā yáo le yáo, biàn chéng yídào bīnglěng de guāng, xiàng dōng fēi qù. Sūn Wùkōng hé Zhū zhuīzhe tā.

Dàn dāng tāmen zhuī shàng yāoguài shí, tāmen kàndào Nánjí de Lǎo Shòu Xīng yǐjīng zhuā zhù le bīnglěng de guāng. "Dà shèng hé Tiān Péng Yuánshuài, búyào zài zhuī yāoguài le. Lǎo dàoshì xiàng nǐmen wènhǎo!"

"Lǎo Shòu Xīng xiōngdì," Sūn Wùkōng huídá, "nǐ hǎo! Nǐ cóng nǎlǐ lái? Xié'è de yāoguài zài nǎlǐ?"

"Tā zài zhèlǐ," Lǎo Shòu Xīng xiàozhe shuō. "Qǐng búyào shānghài tā."

"Nàge xié'è de yāoguài búshì nǐ de qīnqi. Nǐ wèishénme yào

他们去了洞口的方向，猪正等在那里。

猪听到了战斗的声音。他真的很想加入战斗，但是他没有办法加入，所以他用他的耙子击倒了九枝柳树。树倒在地上，呻吟着。猪说，"哦，这棵树成精了！"

然后妖怪跑出了山洞。猪冲上去，他把耙子高高举起，向妖怪击去。老妖怪看出他没有办法赢这场战斗。他摇了摇，变成一道冰冷的光，向东飞去。孙悟空和猪追着他。

但当他们追上妖怪时，他们看到南极的老寿星已经抓住了冰冷的光。"大圣和天蓬元帅，不要再追妖怪了。老道士向你们问好！"

"老寿星兄弟，"孙悟空回答，"你好！你从哪里来？邪恶的妖怪在哪里？"

"他在这里，"老寿星笑着说。"请不要伤害他。"

"那个邪恶的妖怪不是你的亲戚。你为什么要

wèi tā shuōhuà?"

"Tā shì wǒ de sòngxìn rén. Wǒ bù xiǎoxīn ràng tā pǎo le, tā jiù zài zhèlǐ biàn chéng le yígè yāoguài."

"Qǐng bǎ tā biàn huí dào tā zìjǐ de yàngzi, zhèyàng wǒmen cáinéng kàndào tā zhēn de yàngzi shì shénme."

Lǎo Shòu Xīng fàngchū le bīnglěng de guāng. Tā shuō, "Wúchǐ de shòu! Ràng wǒmen kàn kàn nǐ zhēn de yàngzi!" Yāoguài biàn chéng le yì zhī bái lù. Lù bùnéng shuōhuà, tā zhǐ néng tǎng zài dìshàng kū.

> Lù de jiǎo xiàng qī bǎ cháng dāo
> È de shíhòu, tā chángcháng chī cǎoyào
> Kě de shíhòu, tā chángcháng hē wù xī zhōng de shuǐ
> Màn màn de, tā zìjǐ xuéhuì le fēi
> Xǔduō nián yǐhòu, tā xuéhuì le zěnme gǎibiàn zìjǐ de yàngzi
> Xiànzài tā tīngdào le tā zhǔrén de huà
> Tā huīfù le tā zìjǐ de yàngzi, tǎng zài nítǔ shàng.

Lǎo Shòu Xīng bāngzhù lù zhàn qǐlái. Tā qí shàng lù, zhǔnbèi fēi zǒu. Dàn Sūn Wùkōng zǔzhǐ le tā. "Lǎo gē," tā shuō, "qǐng xiān búyào líkāi. Hái yǒu liǎng jiàn shì, wǒmen bìxū jiějué."

为他说话？"

"他是我的送信人。我不小心让他跑了，他就在这里变成了一个妖怪。"

"请把他变回到他自己的样子，这样我们才能看到他真的样子是什么。"

老寿星放出了冰冷的光。他说，"无耻的兽！让我们看看你真的样子！"妖怪变成了一只白鹿。鹿不能说话，它只能躺在地上哭。

　　鹿的角像七把长刀
　　饿的时候，他常常吃草药
　　渴的时候，他常常喝雾溪中的水
　　慢慢地，他自己学会了飞
　　许多年以后，他学会了怎么改变自己的样子
　　现在他听到了他主人的话
　　他恢复了他自己的样子，躺在泥土上。

老寿星帮助鹿站起来。他骑上鹿，准备飞走。但孙悟空阻止了他。"老哥，"他说，"请先不要离开。还有两件事，我们必须解决。"

"Nǎ liǎng jiàn?"

"Wǒmen bìxū zhuā zhù nàge měilì de nǚhái. Wǒmen bìxū yìqǐ huíqù, xiàng Bǐqiū wáng bàogào."

"Hǎo ba, wǒ děng nǐ qù zhuā zhù nàge nǚhái. Ránhòu wǒmen huì yìqǐ qù jiàn guówáng."

Liǎng gè túdì huí dào shāndòng, dà hǎn, "Zhuā zhù xié jīng!" Měilì de nǚhái xiǎng yào táopǎo, dàn shāndòng méiyǒu hòumén. Tā bèi kùnzhù le.

"Nǐ yào qù nǎlǐ?" Zhū hǎn dào. "Kàn wǒ de bàzi, nǐ zhège nán wén de shuōhuǎng de xié jīng." Nǚhái méiyǒu wǔqì kěyǐ yòng lái zhàndòu. Tā biàn chéng le yídào bīnglěng de guāng, xiǎng yào fēi chū shāndòng. Dàn Sūn Wùkōng yòng bàng jī zhòng le guāng, shā sǐ le nǚhái. Tā sǐ hòu, biàn huí dào le tā zhēn de yàngzi, yì zhī bái liǎn húlíjīng.

"哪两件？"

"我们必须抓住那个美丽的女孩。我们必须一起回去，向比丘王报告。"

"好吧，我等你去抓住那个女孩。然后我们会一起去见国王。"

两个徒弟回到山洞，大喊，"抓住邪精！"美丽的女孩想要逃跑，但山洞没有后门。她被困住了。

"你要去哪里？"猪喊道。"看我的耙子，你这个难闻的说谎的邪精。"女孩没有武器可以用来战斗。她变成了一道冰冷的光，想要飞出山洞。但孙悟空用棒击中了光，杀死了女孩。她死后，变回到了她真的样子，一只白脸狐狸精。[18]

---

[18] Beautiful fox spirits are believed to seduce both men and women, enticing them to exhaust themselves in endless lovemaking. The fox spirits feed off this energy, becoming stronger while the victims weaken and die. There are occasional exceptions, as told in our book *The Love Triangle*.

Zhū jǔqǐ bàzi, zhǔnbèi zàicì dǎ húlí. Dàn Sūn Wùkōng shuō, "Bié dǎ tā! Wǒmen xūyào ràng guówáng kàn kàn tā nǚ péngyǒu zhēn de yàngzi shì shénme." Zhū zhuā zhù húlíjīng shītǐ de wěibā, bǎ tā tuō chū le shāndòng.

Shāndòng wài, Lǎo Shòu Xīng zhèngzài hé bái lù shuōhuà. Tā duì lù shuō, "È shòu, nǐ wèishénme cóng wǒ shēnbiān táozǒu, biàn chéng xié jīng?"

Zhū bǎ húlíjīng de shītǐ rēng zài dìshàng. Tā duì lù shuō, "Wǒ cāi, tā shì nǐ de nǚ'ér." Lù diǎn le diǎn tóu, kū le qǐlái.

Lǎo Shòu Xīng duì lù shuō, "È shòu, nǐ yùnqì hǎo, hái huózhe." Tā ná xià yāodài, bǎ tā xì zài lù de bózi shàng. Tā shuō, "Dà shèng, wǒmen qù jiàn guówáng ba."

"Děng yíxià," Sūn Wùkōng huídá. Tā gàosù tǔdì shén qù ná yìxiē gān de shāohuǒ mùtou, shēng qǐ huǒ. Tāmen bǎ suǒyǒu de gān mùtou dōu fàng zài shāndòngkǒu. Ránhòu tāmen diǎn le huǒ. Dòng lǐ de yíqiè dōu bèi shāo chéng le huī. Sūn Wùkōng gàosù tǔdì shén, tā kěyǐ líkāi le. Ránhòu tāmen dōu fēi huí le guówáng de gōngdiàn.

猪举起耙子，准备再次打狐狸。但孙悟空说，"别打她！我们需要让国王看看他女朋友真的样子是什么。"猪抓住狐狸精尸体的尾巴，把它拖出了山洞。

山洞外，老寿星正在和白鹿说话。他对鹿说，"恶兽，你为什么从我身边逃走，变成邪精？"

猪把狐狸精的尸体扔在地上。他对鹿说，"我猜，她是你的女儿。"鹿点了点头，哭了起来。

老寿星对鹿说，"恶兽，你运气好，还活着。"他拿下腰带，把它系在鹿的脖子上。他说，"大圣，我们去见国王吧。"

"等一下，"孙悟空回答。他告诉土地神去拿一些干的烧火木头，生起火。他们把所有的干木头都放在山洞口。然后他们点了火。洞里的一切都被烧成了灰。孙悟空告诉土地神，他可以离开了。然后他们都飞回了国王的宫殿。

Tāmen zǒuxiàng guówáng de bǎozuò. Sūn Wùkōng bǎ húlíjīng de shītǐ rēng zài le guówáng miànqián de dìshàng. "Zhè shì nǐ de nǚ péngyǒu," tā duì guówáng shuō. "Nǐ xiànzài xiǎng hé tā yìqǐ wán ma?" Guówáng kāishǐ fādǒu. Guówáng hé tā suǒyǒu de dàchén dōu guì dǎo zài dìshàng, xiàng Sūn Wùkōng kētóu.

Sūn Wùkōng xiàozhe shuō, "Nǐmen wèishénme yào gěi wǒ kētóu?" Tā zhǐzhe bái lù shuō, "zhè shì guówáng de yuèfù, kěnéng nǐmen yīnggāi gěi tā kētóu!"

Guówáng fēicháng gāngà. Tā zhǐ néng shuō, "Wǒ gǎnxiè Tángsēng jiù le wǒmen guójiā de nánhái." Ránhòu, tā mìnglìng gěi sì wèi yóurén hé Lǎo Shòu Xīng jǔxíng yì chǎng sùshí dà yàn.

Yànhuì zhèngzài zhǔnbèi de shíhòu, Tángsēng wèn Lǎo Shòu Xīng, "Rúguǒ shuō bái lù shì nǐ de, tā zěnme huì lái zhèlǐ shānghài rén ne?"

Lǎo Shòu Xīng huídá shuō, "Bùjiǔ qián, Dōngfāng Dàwáng jīngguò wǒ shānlǐ de jiā. Wǒ qǐng tā liú xiàlái hé wǒ xià qí. Zài xià qí de shíhòu, zhè zhī wúchǐ de shòu pǎo le. Wǒmen zhǎo bù dào tā. Dànshì wǒ yòng shǒuzhǐ suàn le yīxià, zhīdào zhè shòu yǐjīng lái dào le zhège

他们走向国王的宝座。孙悟空把狐狸精的尸体扔在了国王面前的地上。"这是你的女朋友,"他对国王说。"你现在想和她一起玩吗?"国王开始发抖。国王和他所有的大臣都跪倒在地上,向孙悟空磕头。

孙悟空笑着说,"你们为什么要给我磕头?"他指着白鹿说,"这是国王的岳父,可能你们应该给他磕头!"

国王非常尴尬。他只能说,"我感谢唐僧救了我们国家的男孩。"然后,他命令给四位游人和老寿星举行一场素食大宴。

宴会正在准备的时候,唐僧问老寿星,"如果说白鹿是你的,它怎么会来这里伤害人呢?"

老寿星回答说,"不久前,东方大王经过我山里的家。我请他留下来和我下棋。在下棋的时候,这只无耻的兽跑了。我们找不到他。但是我用手指算[19]了一下,知道这兽已经来到了这个

---

[19] 算　　　suàn – to calculate

dìfāng. Wǒ lái zhèlǐ shì wèi le zhǎo tā. Zài wǒ dào de shíhòu, wǒ yù dào le dà shèng. Rúguǒ wǒ wǎn yìdiǎn lái, wǒ xiǎng wǒ de shòu huì sǐ."

Yànhuì zhǔnbèi hǎo le. Zhēnshì yì chǎng dà yàn!

Fángjiān lǐ yǒu xǔduō yánsè

Yā xíng de huǒpén lǐ piāo chū shāoxiāng de yānwù

Zhuō shàng fàng mǎn le shūcài

Lóng xíng de dàngāo

Shī xíng de tángguǒ

Niǎo xíng de jiǔbēi

Jīnsè de pánzi shàng duī mǎn le jùdà de bāozi

Yín wǎn lǐ zhuāng mǎn le xiāng mǐfàn

Rè là de tāngmiàn

Xǔduō zhǒng mógū

Shí zhǒng shūcài

Bǎi zhǒng shíwù

Suǒyǒu zhèxiē quánbù shì gěi yóurén de

地方。我来这里是为了找他。在我到的时候，我遇到了大圣。如果我晚一点来，我想我的兽会死。"

宴会准备好了。真是一场大宴！

>房间里有许多颜色
>鸭形[20]的火盆里飘出烧香的烟雾
>桌上放满了蔬菜
>龙形的蛋糕
>狮形的糖果[21]
>鸟形的酒杯
>金色的盘子上堆满了巨大的包子
>银碗里装满了香米饭
>热辣[22]的汤面
>许多种蘑菇
>十种蔬菜
>百种食物
>所有这些全部是给游人的

---

[20] 形(状) xíng (zhuàng) – shape, appearance
[21] 糖果 tángguǒ – candy
[22] 辣 là – spicy

Zhǔ zhuō shàng, Lǎo Shòu Xīng zuò zài róngyù wèi shàng. Guówáng zuò zài tā pángbiān, Tángsēng zuò zài guówáng pángbiān. Sān wèi túdì zuò zài pángbiān de yì zhāng zhuōzi shàng. Sān wèi lǎo dàchén zuò zài pángbiān qítā de yì zhāng zhuōzi shàng. Yǒu yīnyuè hé tiàowǔ biǎoyǎn. Guówáng jǔqǐ tā de zǐ sè jiǔbēi, xiàng suǒyǒu rén jìngjiǔ. Měi gè rén dōu chī le hěnduō, dàn Zhū dāngrán chī le bǐ qítā rén jiā qǐlái chī de dōngxi hái yào duō de dōngxi.

Yànhuì jiéshù hòu, Lǎo Shòu Xīng zhàn qǐlái líkāi. Guówáng zǒu dào tā miànqián, kētóu, xiàng tā qǐngqiú jiànkāng hé chángshēng bùlǎo de mìmì. "Wǒ méiyǒu dài rènhé dān yào," Lǎo Shòu Xīng shuō. "Jíshǐ wǒ yǒu dānyào, nǐ de shēntǐ hé jīngshén dōu tài xūruò, méiyǒu bànfǎ yòng tā. Dàn wǒ yǒu sān kē zǎo. Wǒ běnlái shì xiǎng yào bǎ tāmen sòng gěi Dōngfāng Dàwáng de. Nǐ kěyǐ chī le tāmen, búyòng gěi Dōngfāng Dàwáng le."

Bǐqiū wáng chī le zǎo. Tā mǎshàng kāishǐ gǎnjué hǎoduō le. Tā de bìng zhìhǎo le. Zhè kěnéng jiùshì tā de háizi hé sūnzi sūnnǚmen chángshēng de yuányīn ba.

主桌上，老寿星坐在荣誉位上。国王坐在他旁边，唐僧坐在国王旁边。三位徒弟坐在旁边第一张桌子上。三位老大臣坐在旁边其他的一张桌子上。有音乐和跳舞表演。国王举起他的紫色酒杯，向所有人敬酒。每个人都吃了很多，但猪当然吃了比其他人加起来吃的东西还要多的东西。

宴会结束后，老寿星站起来离开。国王走到他面前，磕头，向他请求健康和长生不老的秘密。"我没有带任何丹药，"老寿星说。"即使我有丹药，你的身体和精神都太虚弱，没有办法用它。但我有三颗枣。我本来是想要把它们送给东方大王的。你可以吃了它们，不用给东方大王了。"

比丘王吃了枣。他马上开始感觉好多了。他的病治好了。这可能就是他的孩子和孙子孙女们长生的原因吧。

Zhū duì Lǎo Shòu Xīng shuō, "Hēi, nǐ hái yǒu nàxiē zǎo ma?"

Lǎo Shòu Xīng huídá shuō, "Duìbùqǐ, méiyǒu. Dàn xiàcì jiàn dào nǐ, wǒ huì gěi nǐ yìxiē." Tā gǎnxiè le guówáng. Ránhòu tā tiào dào lù de bèi shàng. Tāmen dào le kōngzhōng, fēi zǒu le. Gōng lǐ suǒyǒu de rén dōu guì zài dìshàng shāoxiāng.

Tángsēng duì túdìmen shuō, "Náshàng xínglǐ. Wǒmen bìxū líkāi le."

Guówáng qǐngqiú Tángsēng liú xiàlái jiāo tā. Sūn Wùkōng duì tā shuō, "Bìxià, zhè hěn jiǎndān. Nǐ bìxū kòngzhì nǐ de yùwàng. Duō zuò hǎoshì. Yòng nǐ hǎo de bǔ nǐ bùhǎo de. Zhè jiāng huì ràng nǐ bù shēngbìng, ràng nǐ yǒu hěn cháng de shēngmìng."

Guówáng mìnglìng yòng yùyòng mǎchē bǎ yóurén song chū chéng. Tāmen zuòzhe mǎchē kāishǐ yánzhe chéngshì de jiēdào xiàng chéng mén zǒu qù. Tūrán chuán lái yízhèn dàfēng de shēngyīn. Tāmen tái qǐtóu kàn. Yìqiān yìbǎi yīshíyī gè é lóng cóng tiānshàng xiàlái, diào zài lùshàng. Měi gè lóngzi lǐ dōu yǒu yí gè zài kū de xiǎo nánhái. Tiānshàng, shénxiānmen dà hǎn, "Dà shèng, nǐ ràng wǒmen bǎ zhèxiē nánhái dài chū chéng wài. Wǒmen tīngshuō nǐ dǎbài le xié'è de yāoguài. Suǒyǐ wǒmen bǎ

猪对老寿星说，"嘿，你还有那些枣吗？"

老寿星回答说，"对不起，没有。但下次见到你，我会给你一些。"他感谢了国王。然后他跳到鹿的背上。他们到了空中，飞走了。宫里所有的人都跪在地上烧香。

唐僧对徒弟们说，"拿上行李。我们必须离开了。"

国王请求唐僧留下来教他。孙悟空对他说，"陛下，这很简单。你必须控制你的欲望。多做好事。用你好的补你不好的。这将会让你不生病，让你有很长的生命。"

国王命令用御用马车把游人送出城。他们坐着马车开始沿着城市的街道向城门走去。突然传来一阵大风的声音。他们抬起头看。一千一百一十一个鹅笼从天上下来，掉在路上。每个笼子里都有一个在哭的小男孩。天上，神仙们大喊，"大圣，你让我们把这些男孩带出城外。我们听说你打败了邪恶的妖怪。所以我们把

měigè xiǎo nánhái dōu dài huílái le."

Guówáng hé tā de dàchénmen dōu guì xià kētóu.

Sūn Wùkōng hǎn dào, "Xièxiè nǐmen de bāngzhù. Xiànzài qǐng huí dào nǐmen de shénshè. Wǒ huì qǐng zhèxiē rén bàixiè nǐmen."

Chéng lǐ suǒyǒu de rén dōu lái jiē tāmen de háizi. Tāmen bàoqǐ nánhái, jiàozhe tāmen "bǎobèi", "qīn'ài de." Tāmen xiàozhe tiàozhe. Tāmen ràng háizimen qiānzhe Tángsēng, Sūn Wùkōng, Zhū hé Shā de shǒu, bǎ tāmen dài qù tāmen de jiā. Méiyǒu rén hàipà túdìmen hěn chǒu de liǎn. Měi jiā dōu xiǎng gěi yóurénmen jǔxíng yígè dà yàn. Yóurénmen zhǐ néng zài chéngshì tíngliú yígè yuè! Zhēnshì,

    Tāmen zuò de hǎoshì xiàng shān nàyàng dà
    Tāmen jiù le yìbǎi, yìqiān tiáo shēngmìng

Nǐ kěnéng bù zhīdào jiēzhe huì fāshēng shénme. Wǒ huì zài xià yígè gùshì zhōng gàosù nǐ.

每个小男孩都带回来了。"

国王和他的大臣们都跪下磕头。

孙悟空喊道，"谢谢你们的帮助。现在请回到你们的神社。我会请这些人拜谢你们。"

城里所有的人都来接他们的孩子。他们抱起男孩，叫着他们"宝贝"、"亲爱的。"他们笑着跳着。他们让孩子们牵着唐僧、孙悟空、猪和沙的手，把他们带去他们的家。没有人害怕徒弟们很丑的脸。每家都想给游人们举行一个大宴。游人们只能在城市停留一个月！真是，

  他们做的好事像山那样大
  他们救了一百、一千条生命

你可能不知道接着会发生什么。我会在下一个故事中告诉你。

The Thousand Children
Chapter 78

My dear child, remember last night's story? I told you how the disciples of the Buddhist monk Tangseng fought a battle against a great bird, a blue-haired lion and a yellow-tusked elephant. They rescued Tangseng and saved the Lion Kingdom.

They left the Lion Kingdom and traveled west again. The weather became cold. Ice appeared on the surface of ponds, leaves changed color to yellow and red, grasses lay flat on the ground, and snow clouds flew across the sky. In the daytime the travelers walked through the wind and snow, at night they slept on the cold ground.

One day they saw a great city with high walls surrounded by a moat. Tangseng got down from his white horse to join the three disciples as they walked through the city gates. Sun Wukong, the elder disciple, saw an old soldier sleeping on the ground next to the city wall. He walked over to the soldier. He shook the soldier's shoulder and said, "Wake up, son! We are monks from the east, traveling to the western heaven to fetch the Buddha's scriptures. We have just arrived in your city. Tell me, what is the name of this place?"

The soldier looked at Sun Wukong and thought he was a thunder god. He said, "My lord, this country used to be called Bhiksu, but the name has been changed. Now it is Boytown."

Sun Wukong walked to the others. He told them, "That soldier told me this country used to be called Bhiksu, but the name has been changed to Boytown."

Tangseng asked, "If it was Bhiksu, why is it now Boytown?"

Zhu Bajie, the pig-man who was Tangseng's second disciple, said, "Probably there once was a King Bhiksu. He died and his son became king, so they changed the name."

Sha Wujing, the large quiet man who was Tangseng's third disciple, said, "That can't be true. That old soldier was probably so frightened by Old Monkey that he could only speak nonsense."

They continued walking into the city. Looking around, they saw

> Wine shops and tea houses filled with loud customers
> Many beautiful shops and tea houses
> People selling gold, silver and silks, only wanting money
> Customers walking, talking and buying things
> A large and prosperous city!

But they saw something strange. In front of every house was a coop, like something that would hold geese. "Disciples," said Tangseng, "why do all these people put coops in front of their houses?"

Zhu smiled and replied, "Master, this must be a lucky day. Everyone is having a wedding!"

Sun Wukong said, "Nonsense, how can every family have a wedding? No. I will go and take a look." He did not want to frighten anyone, so he waved his hand, said some magic words, and turned into a bee. He flew up to a nearby coop and looked inside. He saw a little boy sitting inside. He flew to the next house and looked inside the coop. He saw another little boy. He looked at eight or nine houses. Each one had a little boy sitting inside the coop.

He returned to Tangseng and said, "Master, every coop has a little boy inside. The youngest is maybe four years old, the oldest is maybe six. I don't know why they are there."

They continued walking. Soon they came to a Hostel of Meeting. "Wonderful," said Tangseng. "Let's go inside. We can find out where we are. We can also rest the horse and sleep here tonight."

They entered the Hostel of Meeting. The manager met them and asked, "Sir, where are you from?"

Tangseng replied, "I am a poor monk, sent by the Tang Emperor to fetch the Buddha's scriptures from the western heaven. We have just arrived at your beautiful city. We ask that your king certify our travel rescript, and that you allow us to stay tonight at the Hostel of Meeting."

"Of course," replied the manager. "Please stay here and have dinner. You can sleep here tonight. Tomorrow morning you can meet with our king and have your travel rescript certified."

Tangseng thanked him. Some workers prepared beds for the travelers and cooked a vegetarian dinner for them. They all ate dinner. Afterwards it became dark, so the workers lit a lamp. Tangseng, his three disciples and the manager all sat together in the lamplight. Tangseng said to the manager, "Sir, please tell me, how do the people in this noble country raise their children?"

The manager replied, "People are the same everywhere, just as there is are never two suns in the sky. The father's seed mixes with the mother's blood. Ten months later a child is born. Children drink their mother's milk for three years. They grow up. Everyone knows that."

"Yes," said Tangseng, "it is the same in my country. But when we arrived at your city we saw a goose coop in front of every house, with a little boy in each coop. I do not understand this."

The manager leaned close to Tangseng and whispered into his ear, "Sir, please don't ask about that. Don't even think about it." Then the manager stood up and said, "Now, are you probably very tired. I think it's time for you to go to your beds for the night."

But Tangseng would not go to bed. He insisted on hearing an explanation. Finally the manager told all the workers to leave the room. After they left, he sat down and said to Tangseng, "The goose coops are there because our king is a bad ruler. Why do you insist on hearing about this?"

"I cannot rest until I understand this. How is he a bad ruler?"

"All right, I will tell you. This country used to be called Bhiksu Kingdom. Three years ago, an old Daoist came here with a fifteen year old girl. The girl was as beautiful as Bodhisattva Guanyin herself. The Daoist gave the girl to the king. The king fell in love with the girl. He forgot about everything. He forgot about his queens, his concubines, the affairs of the kingdom. All he wanted to do was play around in bed with the girl all the time. He stopped eating and drinking. Because of that, he has become very weak. He is close to death. The royal doctors have tried every medicine but nothing can help the king."

"And what about the Daoist?"

"Our king named him Royal Father-in-Law. The man told the king that he has a secret medicine that will let our king live for a thousand years. The Daoist traveled to ten continents and three magic countries to find the herbs needed to make this medicine. But now he needs to add one more thing. He must make a soup from the hearts of 1,111 little boys, and add that soup to the medicine. Those are the boys that you saw in the coops. The parents are too afraid to say anything. And that is why the city is now called Boytown."

The manager stood up again. He said, "When you go to the king's palace tomorrow, you must not say anything about this.

Just get your travel rescript certified and continue your journey." He blew out the lamp and left the room.

After the manager left, Tangseng began to cry. "Foolish king! Your desire has almost killed you, and now you plan to kill all these young boys. How could you?"

Zhu walked over to him and said, "Master, what's the matter with you? It's like taking a stranger's coffin into your house and crying over it. You know the old saying,

> When the king wants the subject to die,
> The subject must die.
> When the father wants the son to die,
> The son must die.

Those boys are his own people. What are they to you? Come on, let's go to sleep."

Tangseng said, "Oh disciple, you have a hard heart! We are monks, we must help others. How can this king be so evil? I have never heard this nonsense that eating hearts will give long life. Of course it hurts me to hear of it!"

Sun Wukong said, "Master, let's not worry about this tonight. Tomorrow I will go with you to the palace. We will see this Royal Father-in-Law. If he is human and just thinks that medicine brings immortality, I will teach him the truth. If he is a monster, I will arrest him and show the king what he is, so the king can learn to control his desires and recover his strength. One way or another, I will not let him kill those children."

Tangseng said, "That is wonderful. But we must not say anything to the king. We don't want him to become angry at us."

"No problem. Tonight I will use my magic powers. I will move all the boys out of the city. The king will hear of this of course, but he will not think that we did it."

"How can you move the boys out of the city?"

"You know that I have some magical powers. Zhu and Sha, stay here with our master. If you feel a cold wind, you will know that it is the boys leaving the city."

Sun Wukong flew up into the air. He called the city god, the local spirits, the Six Gods of Darkness, the Six Gods of Light, and many more immortals. They all arrived quickly, asking, "Great Sage, why have you called us in the middle of the night?"

"Thank you for coming. I have just arrived at this city. The king is a bad man. He is listening to an evil monster. Tomorrow he plans to remove the hearts from over a thousand little boys to make a magic elixir that will let him live forever. My master has asked me to save the boys and capture the monster. That's why I have asked you all to come here. Please use your magic to lift up the boys. Carry them over the city wall to a safe place, far away in the forest. Keep them there for a day or two. Give them food to eat. Protect them, don't frighten them. When I have removed the evil from this city you can bring the boys back."

It was the time of the third watch when,

> A cold wind covered the stars in the sky
> The moon disappeared behind a magical fog
> The cold made peoples' clothing turn to iron
> Parents hid in their homes
> The coops and the young boys were carried away by the gods
> The night was terrible
> But joy was coming to everyone the next day.

Sun Wukong returned to the Hostel of Meeting. He told Tangseng that all the little boys were taken out of the city. Tangseng thanked him again and again. Then they all went to sleep.

The next morning, Tangseng put on his best clothing to meet with the king. The manager came up to him and whispered in his ear, telling him again to stay out of affairs that were none of his business. Tangseng nodded his head. Sun Wukong changed into a tiny insect. He flew to Tangseng and landed on the monk's gold-colored hat.

Tangseng walked to the king's palace. When he arrived, he told one of the palace eunuchs that he wanted to see the king. A few minutes later the king invited Tangseng to enter the throne room. Tangseng looked at the king. He saw that the man was extremely weak. He could hardly stand up and he had trouble speaking. When Tangseng handed the travel rescript to him, the king could not even read the words on it. With great difficulty the king signed the rescript and give it back to the Tang monk. Tangseng put the rescript in his robe.

Just then, a eunuch came in and said, "His Excellency the Royal Father-in-Law is here." Tangseng turned around. He saw an elderly Taoist walking with a swagger towards the throne.

What did he look like?

> On his head, a yellow silk cap
> On his body, a cloak of silk and feathers
> At his waist, a belt of blue cloth
> On his feet, cloud shoes made of straw
> In his hand, a staff with the head of a dragon
> His face was smooth like jade
> His eyes burned like fire
> His white beard blew around his face

> Clouds followed him as he walked
> Fragrant mists flowed around him
> The officials all shouted,
> "The Royal Father-in-Law has entered the court!"

The Royal Father-in-Law did not bow to the king. The king bowed to him and said, "We are fortunate that you have come to see us, Royal Father-in-Law."

The Daoist looked at Tangseng, then he said to the king, "Where is this monk from?"

"He has been sent by the Tang Emperor to fetch scriptures from the Western Heaven. He has come here to get his travel rescript certified."

The Daoist said, "The road west is covered in darkness. There is nothing good about it." Then he added, "We have heard that a monk who is a disciple of Buddha can live forever."

Tangseng said,

> "A monk knows that all things are empty
> He lives in the land of no birth
> He sees the true mysteries in silence
> He is not trapped by the Three Worlds
> If you want knowledge you must know the mind
> Sit in silence
> Let the pure mind shine
> It illuminates all thoughts
> One with great wisdom looks like a fool
> He knows that one must do without doing
> The best plans require no thought
> Because everything must be left alone
> It is foolish to try to lengthen life through elixirs
> Let go of everything, let your mind be empty
> Live simply, let go of desires

Then you will enjoy life without end, forever."

When the Royal Father-in-Law heard this, he laughed. "What garbage!" he said. "You talk about understanding reality, but you really don't understand anything about where reality comes from. Listen to me,

> Sit, sit, sit, your ass will split
> Play with fire, you'll get burned
> One who seeks immortality has strong bones
> One who seeks the Way has a powerful spirit
> I go to the mountains to visit my friends
> I get a hundred herbs to help the world
> I sing as people clap their hands
> I dance and then I rest on clouds
> I explain the Dao, I teach Laozi's words
> I remove monsters with holy water
> I take power from the sun and the moon
> I make magic elixirs by mixing yin and yang
> I ride the blue phoenix to the purple palace
> I ride the white bird to the jade city
> There I meet with the immortals of heaven
> How different from the deathly quiet of your Buddhism
> The darkness of your peace
> It can never lift you above this world
> My mystery is the highest
> My Dao is the greatest!"

When he finished, the king and his ministers shouted, "That is wonderful! Dao is the greatest!" Tangseng looked at his shoes and said nothing. The king ordered a vegetarian banquet for the Tang monk. Tangseng ate his meal, then he thanked the king and turned to leave. As he was leaving, Sun Wukong flew into his ear and said, "Master, this Royal Father-in-Law is an evil spirit. The king is under his power. Please go back to the

Hostel of Meeting. I will stay here and try to learn more."

Tangseng left the palace. Sun Wukong stayed and listened. A general came in and reported to the king, "Your Majesty, last night a cold wind blew through the city. It carried away all the little boys in the coops."

"This is terrible!" cried the king. "We have been sick for months. We need those boys. Royal Father-in-Law, how will we become well again?"

"No, this is wonderful news," said the Daoist. "We don't need those boys anymore. When I saw the Tang monk, I knew right away that he has been a monk for ten lifetimes. In each lifetime his *yang* has become greater. If you can make soup from his heart and mix it with my elixir, you will live for ten thousand years!"

The foolish king replied, "Why didn't you tell me sooner? I could have killed him when he was here, and taken his heart."

"It's not a problem. Right now he is probably at the Hostel of Meeting. Order the city gates to be closed. Send your soldiers to the Hostel of Meeting. Tell them to bring the Tang monk back to the palace. When he arrives, ask him politely for his heart. Tell him that you will build a shrine in his honor. If he refuses, just tie him up and cut out his heart anyway. Isn't that easy?"

The king agreed. He ordered the city gates to be closed, and he sent his soldiers to surround the Hostel of Meeting.

Sun Wukong flew quickly back to the Hostel of Meeting. He changed into his original form and reported to Tangseng everything he had just heard. Tangseng was frightened, but Sun Wukong said, "If you want to live, the old must become young, and the young must become old."

Sha asked, "What do you mean, elder brother?"

But Tangseng said, "It does not matter. If you can save my life, I will do anything you say."

Sun Wukong told Zhu to make some mud. Zhu dug up some dirt with his rake, but he could not leave the Hostel of Meeting to get water. So he lifted up his tunic and pissed on the dirt to make mud. He mixed it together, making a stinking ball of mud. He handed the ball to Sun Wukong. The monkey pressed the mud flat against his own face so that it took the shape of his face. Then he pulled it off his face and held it in his hands.

He told Tangseng to stand still and not move. Then he put the stinking mud on Tangseng's face and said some magic words. Now Tangseng looked just like the monkey. Tangseng and Sun Wukong gave each other their clothes. Tangseng put on the monkey's tiger skin kilt. Sun Wukong put on the monk's robes. Sun Wukong said some more magic words, and easily changed into the Tang monk.

Just as they finished, they saw a forest of spears and swords in front of the Hostel of Meeting. Three thousand soldiers had surrounded the building. An official entered the Hostel of Meeting. He said to the hostel manager, "Where is the gentleman from the Tang empire?"

"Over there, in the guest room," said the manager, very frightened.

The official entered the guest room and said, "Grandfather, His Majesty has asked you to come to the palace." The false monk walked out of the guest room, with Zhu and Sha on either side of him.

Chapter 79

The false Tangseng walked to the palace, surrounded by soldiers. When they arrived at the palace, the minister told the eunuch at the palace gate, "Please tell His Majesty that we have brought the Tang monk."

The eunuch told this to the king. The king ordered the monk to be brought into the throne room. Everyone in the room knelt before the king except for the false Tangseng, who remained standing. He shouted, "King of Bhiksu, why did you bring me here?"

"We have been sick for a long time," replied the king. "The Royal Father-in-Law has prepared an elixir for us, but we need to add one more small thing. You have that thing. If you give it to us, we will build a temple to you. People will pray in the temple in all four seasons, and they will burn incense forever."

"I am a simple monk. I have nothing to give you."

"You have the thing that we need. We need your heart."

The false Tangseng smiled and said, "I have many hearts, Your Majesty. Which one do you want?"

The king was surprised. He said, "We want your black heart."

"All right. Give me a knife and I will open my chest. If there is a black heart in my chest, I will happily give it to you."

The king ordered one of his officials to give a knife to the false monk. The false Tangseng opened his robe, pressed his left hand against his chest, and made a deep cut with the knife. His chest opened and a pile of hearts fell out. The hearts fell onto on the floor, dripping with blood. The false monk picked them up, one by one, and held them up for everyone to see. There was a red heart, a white heart, and a yellow heart. There was an evil heart, a frightened heart, a cautious heart, and a heart with no name. But there was no black heart.

The king was terrified. He shouted, "Put them away, put them away!"

Sun Wukong could not wait any longer. He changed back to his true form. He gathered the hearts and put them back in his chest. Then he said, "Your Majesty, you have eyes but you cannot see. We monks have good hearts. Only your father-in-law has a black and evil heart."

The Daoist saw that the monk had changed into Sun Wukong. He flew up into the clouds. Sun Wukong jumped into the air and shouted, "Where are you going? Taste my rod!"

The two of them began to fight in mid-air. Sun Wukong used his golden hoop rod to strike the Daoist's head. The Daoist blocked the blow with his dragon-head staff. The monkey's rod was like a tiger jumping off a mountain top, the Daoist's staff was like a dragon rising from the sea. Fog filled the sky. The king was frightened and ran away to hide.

The monkey and the Daoist fought for twenty rounds. The Daoist became tired. He changed into a cold beam of light and flew to the king's bedroom to find his daughter. She also changed into a cold beam of light. The two of them disappeared.

Sun Wukong returned to the palace. He said to the ministers, "Well, that's some Royal Father-in-Law you have." The ministers bowed to him and thanked him. Sun Wukong waved his hand and said, "Stop bowing and go find your king."

The ministers went into the king's bedroom. The king was not there. The girl was not there either. But then four or five eunuchs entered the throne room, helping the king to walk. The ministers told the king what happened. The king kowtowed to Sun Wukong and said, "Sir, when you came here this morning you were very handsome, why do you look different now?"

Sun Wukong replied, "Your Majesty, this morning you thought you were talking with my master, the holy monk Tangseng. He is the younger brother of the Tang Emperor. I am his senior disciple. My two brother disciples are here also. I came here to defeat the monster because I know that he wanted to kill my master and make a soup from his heart."

The king ordered his ministers to go to the Hostel of Meeting and fetch Tangseng and the other two disciples. But of course, Tangseng still had the mud mask on his face and looked like Sun Wukong. The ministers were confused, but Tangseng explained that he looked like Sun Wukong because he was wearing a mask. Tangseng walked with the ministers to the king's palace, with Zhu and Sha. When they arrived, Sun Wukong pulled the mud mask off his master's face and said a few magic words. Tangseng looked like Tangseng again.

Sun Wukong turned to the king and asked, "Your Majesty, do you know where these two monsters came from? We should catch both of them so they don't cause any more trouble."

The king replied, "When he came here three years ago, he said that he came from Pure Flower Village, about seventy miles south of here at a place called Willow Hill. He had no sons, only a daughter by his second wife. She was not married yet, so he gave her to us as a gift. We loved her and took her as our concubine. But after a while, we became very ill. The monster said that he had an elixir but it needed the hearts of 1,111 young boys. I was a fool to believe him."

"When were the boys to be killed?" asked Tangseng.

"They were going to take the hearts from the boys today. We

did not know that you would come here and take the boys away. But the evil monster told us that you were a holy monk for ten lifetimes. He said that because your *yang* was very strong, your heart would make a stronger elixir than all of those boys' hearts. We were confused, we did not understand how evil this was. We are very grateful to you. Now, please use your vast magical power to stop this evil monster. We will give you everything that our nation has."

Sun Wukong said, "To tell you the truth, it was my master's idea to move the boys out of the city. That's why I did it. Please don't talk about giving us wealth. I only want to capture the evil monsters. Zhu, let's go."

Zhu put his hand on his belly and said, "I want to follow you, elder brother, but my belly is empty!" The king ordered a large vegetarian meal for the pig-man. Zhu ate all of it, then he rose up into the air and flew away with Sun Wukong.

The two disciples flew south for seventy miles until they arrived at Willow Hill. They looked down from the clouds. They did not see Pure Flower Village anywhere, they only saw a clear stream flowing between thousands of willow trees. Sun Wukong said some magic words to call the local spirit.

The local spirit arrived. He looked very worried. He kneeled and said, "Great Sage, the local spirit of Willow Hill kowtows to you."

Sun Wukong replied, "Don't worry, I won't beat you. Tell me, where is Pure Flower Village?"

"We have a Pure Flower Cave, but there is no Pure Flower Village. Why do you ask?"

"The king of Bhiksu has been tricked by an evil monster. But I saw the monster's true form. I defeated him in battle. The monster flew away by turning into a cold beam of light. The king says that the monster came from Pure Flower Village on Willow Hill. I see the hill but I don't see any village."

"Great sage, I would like to help you. But the evil monster has great powers. If I help you, he will come and punish me severely. So I cannot tell you where Pure Flower Village is. However, I can help you find Pure Flower Cave. Go to the south side of the stream. Find a willow tree with nine branches. Walk around the tree three times from left to right, then three more times from right to left. Lean against the tree with both hands and call out three times, 'Open the door.' You will see the cave."

Sun Wukong told the local spirit that he could go. He soon found the tree with nine branches. He said to Zhu, "Wait here. I will call the door to open. I will find the evil monster and chase him out of the cave. When you see him, help me to defeat him." Zhu agreed.

Sun Wukong walked around the tree three times from left to right, then three more times from right to left. He put both hands on the tree and called out, "Open the door!" three times. Instantly the tree disappeared. A pair of doors opened. Inside the doors he could see bright mists. He ran inside the cave.

It was beautiful inside the cave. White clouds of mist flowed out of the cave. Strange colorful flowers covered the ground. Bees and butterflies flew from flower to flower. The air was warm like springtime.

Sun Wukong ran through the cave. He saw a sign made of stone that read, "Pure Flower Immortal Palace." He ran around the stone sign. Behind the stone sign were the evil monster and the beautiful girl. They both said together, "We planned this for three years. It was going to be finished today. But that wretched ape ruined everything!"

Sun Wukong whipped out his golden hoop rod and shouted, "What are you talking about, you fools? Have a taste of my rod!" The evil monster picked up his dragon staff. They began to fight in the cave.

What a battle! Golden light came from the rod. Angry mist came from the staff. The monster shouted, "How dare you come into my cave!"

"I am here to defeat a monster!" replied Sun Wukong.

"My love for the king is no business of yours, why do you care about this?"

"A monk's business is compassion. We cannot let you kill these young boys."

They continued to fight. They stepped on the beautiful flowers. The bees and butterflies flew out of the cave. The cave's bright mists became dark. Only the monkey and the evil monster remained. Their battle raised huge winds that roared across the earth. Slowly their battle moved them towards the door of the cave where Zhu was waiting.

Zhu heard the sounds of battle. He really wanted to join the battle but he could not, so he used his rake to knock down the nine-branched willow. The tree fell to the ground and moaned. Zhu said, "Oh, this tree has become a spirit!"

Then the monster ran out of the cave. Zhu rushed forward, his rake held high, and he struck at the monster. The old monster saw that he could not win the fight. He shook himself, turned into a cold beam of light, and flew to the east. Sun Wukong and Zhu chased him.

But when they caught up with the monster, they saw that the Elderly Star of the South Pole had caught the cold beam of light. "Stop chasing the monster, Great Sage and Marshal. This old Daoist greets you!"

"Brother Elderly Star," replied Sun Wukong, "greetings! Where have you come from? And where is the evil monster?"

"He is here," smiled the Elderly Star. "Please don't hurt him."

"That evil monster is no relative of yours. Why do you speak up for him?"

"He is my messenger. I carelessly let him escape, and he became a monster here."

"Please change him back to his true form so we can see what he really is."

Elderly Star released the cold beam of light. He said, "Wretched beast! Show us your true form!" The monster turned into a white deer. The deer could not speak, it could only lie on the ground and cry.

> The deer had antlers like seven long knives
> When he was hungry he used to eat herbs
> When he was thirsty he used to drink from misty streams
> Over time, he taught himself to fly
> After many years he learned how to change his appearance
> Now he heard the words of his master
> He returned to his own form and lay down in the dirt.

Elderly Star helped the deer to stand up. He mounted the deer and prepared to fly away. But Sun Wukong stopped him. "Old brother," he said, "please don't leave yet. There are still two matters we must deal with."

"What two matters?"

"We must catch the beautiful girl. And we must return together to report to the Bhiksu king."

"All right, I will wait for you to capture the girl. Then we will go together to see the king."

The two disciples returned to the cave, shouting, "Catch the evil spirit!" The beautiful girl tried to run away, but there was no back door to the cave. She was trapped.

"Where are you going?" shouted Zhu. "Watch my rake, you stinking lying spirit." The girl had no weapon to fight with. She turned into a cold beam of light and tried to fly out of the cave. But Sun Wukong struck the beam of light with his rod, killing the girl. After she died she turned into her true form, a white-faced fox spirit.

Zhu raised his rake, preparing to strike the fox again. But Sun Wukong said, "Don't hit her! We need to show the king what his girlfriend really was." Zhu grabbed the dead body of the fox spirit by the tail and dragged it out of the cave.

Outside the cave, Elderly Star was talking to the white deer. He said to the deer, "Evil beast, why did you run away from me and turn into an evil spirit?"

Zhu threw the fox spirit's body on the ground. He said to the deer, "Your daughter, I suppose." The deer nodded its head and cried.

Elderly Star said to the deer, "Evil beast, you are lucky to still be alive." He took off his belt and tied it around the deer's neck. He said, "Great Sage, let's go see the king."

"Not yet," replied Sun Wukong. He told the local spirit to get some dry firewood and start a fire. They piled up all the dry wood in the mouth of the cave. Then they lit the fire. Everything in the cave burned to ashes. Sun Wukong told the local spirit he could leave. Then they all flew back to the king's palace.

They walked up to the king's throne. Sun Wukong threw the

body of the fox spirit on the floor in front of the king. "Here is your girlfriend," he said to the king. "Do you want to play around with her now?" The king began to shake. The king and all his ministers fell to their knees and kowtowed to Sun Wukong.

Sun Wukong smiled and said, "Why are you kowtowing to me?" He pointed to the white deer and said, "Here is the Royal Father-in-Law, maybe you should kowtow to him!"

The king was very embarrassed. He could only say, "I thank the Tang monk for saving the boys of my nation." Then he ordered a great vegetarian banquet for the four travelers and the Elderly Star.

While the banquet was being prepared, Tangseng asked the Elderly Star, "If the white deer is yours, how did it come here to harm people?"

The Elderly Star replied, "A while ago, the Great King of the East passed by my mountain home. I asked him to stay and play a game of chess with me. During the game, the wretched beast ran away. We could not find him. But I bent my fingers and learned that the beast had come to this place. I came here to find him. Just as I arrived, I met the Great Sage. If I had come a little bit later, I think my beast would be dead."

The banquet was ready. What a feast!

> The room was filled with many colors
> Incense smoke came from duck-shaped braziers
> The tables were heavy with vegetables
> Cakes shaped like dragons
> Candies shaped like lions
> Wine glasses shaped like birds
> Huge buns piled on golden trays
> Fragrant rice filling silver bowls

> Hot spicy noodles cooked in soup
> Many kinds of mushrooms
> Ten kinds of vegetables
> A hundred kinds of foods
> All were served to the visitors.

At the head table, the Elderly Star sat in the place of honor. The king sat next to him, and the Tang monk sat next to the king. The three disciples sat at the first side table. Three senior ministers sat at the other side table. Musicians and dancers performed. The king lifted his purple wine cup and toasted everyone. Everyone ate a lot, but of course Zhu ate more than all the rest of them together.

When the banquet ended, the Elderly Star stood up to leave. The king went up to him, kowtowed, and asked him for the secret of good health and long life. "I did not bring any elixir," said the Elderly Star. "Even if I had some elixir, you are too weak in body and spirit to use it. But I do have these three jujubes. I was going to give them to the Great King of the East. You can eat them instead of the Great King."

The king of Bhiksu ate the jujubes. Immediately he began to feel better. His illness was cured. And this may be the reason why his children and grandchildren had such long lives.

Zhu said to Elderly Star, "Hey, do you have any more of those jujubes?"

The Elderly Star replied, "Sorry, no. But next time I see you I will give you a few." He thanked the king. Then he jumped up onto the deer's back. They rose into the air and flew away. All the people in the palace bowed to the ground and burned incense.

Tangseng said to his disciples, "Gather the luggage. We must leave."

The king begged Tangseng to stay and teach him. Sun Wukong said to him, "Your Majesty, it is simple. You must control your desires. Do more good deeds. Let your strength make up for your weakness. This will get rid of your illness and give you long life."

The king ordered the royal carriage to carry the visitors out of the city. They began riding down the city streets towards the city gates. Suddenly there was the sound of a great wind. They looked up. One thousand one hundred and eleven goose coops dropped down from the sky and landed on the road. Inside each coop was a crying little boy. From the sky, the immortals shouted, "Great Sage, you told us to carry these boys out of the city. We heard that you defeated the evil monsters. So we have brought back every one of the little boys."

The king and his ministers all fell to their knees and kowtowed.

Sun Wukong called out, "I thank you for all your help. Please go back to your shrines now. I will ask these people to make offerings to you."

All the people of the city came and collected their children. They picked up the boys, called them "darling" and "dear." They laughed and danced. They told the children to take the hands of Tangseng, Sun Wukong, Zhu and Sha, and bring them to their homes. Nobody was frightened of the disciples' ugly faces. Each family wanted to give the visitors a feast. The travelers had to stay in the city for a month! Truly,

> Their good deeds were as big as a mountain
> They saved a hundred and a thousand lives

You probably don't know what happened next. I will tell you in the next story.

Proper Nouns

These are all the Chinese proper nouns used in this book.

Pinyin	Chinese	English
Bǐqiū Wángguó	比丘王国	Bhiksu Kingdom
Dōngfāng Dàwáng	东方大王	Great King of the East, an immortal
Guāngmíng Liù Shén	光明六神	Six Gods of Light, immortals
Guānyīn	观音	Guanyin, a bodhisattva
Hēi'àn Liù Shén	黑暗六神	Six Gods of Darkness, immortals
Jīn Yíng Guǎnyì	金亭馆驿	Hostel of Meeting
Lǎo Shòu Xīng	老寿星	Elderly Star of the South Pole, an immortal
Liǔlín Pō	柳林坡	Willow Hill
Qīnghuá Cūn	清华村	Pure Flower Village
Qīnghuá Dòng	清华洞	Pure Flower Cave
Qīnghuá Xiān Gōng	清华仙宫	Pure Flower Immortal Palace
Sān Jiè	三界	Three Worlds
Shā (Wùjìng)	沙(悟净)	Sha (Wujing), junior disciple of Tangseng
Shīzi Wángguó	狮子王国	Lion Kingdom
Sūn Wùkōng	孙悟空	Sun Wukong, the Monkey King, elder disciple of Tangseng
Táng	唐	Tang, an empire
Tángsēng	唐僧	Tangseng, a Buddhist monk
Tiān Péng Yuánshuài	天蓬元帅	Marshal of Heavenly Reeds, a title of Zhu Bajie
Xiǎozi Chéng	小子城	Boytown, another name for Bhiksu
Zhū (Bājiè)	猪(八戒)	Zhu (Bajie), middle disciple of Tangseng

Glossary

These are all the Chinese words used in this book, other than proper nouns.

Pinyin	Chinese	English
ài	爱	love
ài shàng	爱上	to fall in love
āijìn	挨近	close to
ānpái	安排	to arrange
ānquán	安全	safety
àomì	奥秘	mystery
ba	吧	(indicates assumption or suggestion)
bá	拔	to pull
bǎ	把	(measure word for gripped objects)
bǎ	把	(preposition introducing the object of a verb)
bǎ	把	to hold, to guard, a bundle
bā	八	eight
bǎi	百	hundred
bái (sè)	白 (色)	white
bàn	办	to do
bànfǎ	办法	method
bàng	棒	rod, stick, wonderful
bǎng	绑	to tie
bāng (zhù)	帮 (助)	to help
bànyè	半夜	midnight
bào (zhù)	抱 (住)	to hold, to carry
bǎobèi	宝贝	treasure, baby
bàogào	报告	report
bǎohù	保护	to protect
bāowéi	包围	to encircle

bāozi	包子	steamed bun
bǎozuò	宝座	throne
bàzi	耙子	rake
bèi	被	(passive particle)
bèi	背	back
bēi	杯	cup, glass
bèn	笨	stupid, a fool
běnlái	本来	originally
bǐ	比	compared to, than
biàn	变	to change
biān	边	side
biàn wèi	变为	becomes
biànchéng	变成	to become
biǎoyǎn	表演	performance
bié	别	do not, other
bìng	病	sick, illness
bīng	冰	ice
bìxià	陛下	Your Majesty
bìxū	必须	must, have to
bózi	脖子	neck
bù	布	cloth
bù	不	no, not, do not
bǔ	补	to mend, to make up
cái	才	only
cǎi	踩	to step on, to stomp on
cāi	猜	guess
cáifù	财富	wealth
cáinéng	才能	can only, ability, talent
cǎo	草	grass, straw
cǎoyào	草药	herb
chá	茶	tea

cháng	长	long
cháng	常	often
chǎng	场	(measure word for public events)
chàng (gē)	唱(歌)	to sing
chángshēng bùlǎo	长生不老	immortality
cháwū	茶屋	tea house
chē	车	car, cart
chéng (shì)	城(市)	city
chéng (wéi)	成(为)	to become
chéngfá	惩罚	punishment
chí	池	pool, pond
chī (fàn)	吃(饭)	to eat
chī wán	吃完	finish eating
chījīng	吃惊	to be surprised
chóng	虫	insect, worm
chōng	冲	to rise up, to rush, to wash out
chǒu	丑	ugly
chú	除	to remove, to divide, to set apart
chū	出	out
chuán	传	to pass on, to transmit
chuān (shàng)	穿(上)	to put on
chuáng	床	bed
chuī	吹	to blow
chún (jié)	纯(洁)	pure
chūn (tiān)	春(天)	spring
chūshēng	出生	born
chūxiàn	出现	to appear
cì	次	next in a sequence, (measure word for time)
cóng	从	from

cónglái méiyǒu	从来没有	there has never been
cūn (zhuāng)	村(庄)	village
dà	大	big
dǎ	打	to hit, to play
dà hǎn	大喊	to shout
dà shèng	大圣	great saint
dǎbài	打败	defeat
dàchén	大臣	minister
dàdì	大地	the earth
dài	戴	to wear
dài (zi)	带(子)	band, belt, ribbon
dài huí	带回	bring back
dàjiā	大家	everyone
dàjiàng	大将	general, high ranking officer
dǎkāi	打开	to turn on, to open
dàn (shì)	但(是)	but, however
dāng	当	when
dǎng (zhù)	挡(住)	to block
dàngāo	蛋糕	cake
dāngrán	当然	of course
dānxīn	担心	to worry, beware
dānyào	丹药	elixir
dào	道	(measure word for lines, orders)
dào	道	path, way, Dao, to say
dào	到	to arrive, towards
dǎo	倒	to fall
dāo	刀	knife
dàoshì	道士	Daoist priest
dàshēng	大声	loud
dǎsuàn	打算	intend

dàwáng	大王	king
de	的	of
dé	得	(particle showing degree or possibility)
dédào	得到	to get
děng	等	to wait
dēng	灯	light
dì	第	(prefix before a number)
dì	地	land, ground, earth
dī	低	low
diǎn	点	point, hour
diǎn (diǎn) tóu	点(点)头	to nod
diào	掉	to fall, to drop, to lose
dìdi	弟弟	younger brother
dìfāng	地方	local, place
dìguó	帝国	empire
dìmiàn	地面	ground
dǐng	顶	top, to withstand
dìshàng	地上	on the ground
dòng	栋	(measure word for buildings, houses)
dòng	洞	cave, hole
dòng	动	to move
dǒng	懂	to understand
dōng	东	east
dōngxi	东西	thing
dōu	都	all
dǒupéng	斗篷	cloak
duàn	段	(measure word for sections)
duì	对	correct, towards someone
duī	堆	(measure word for piles, problems, clothing, ...)

duìbùqǐ	对不起	I am sorry
dùn	顿	(measure word for non-repeating actions)
duǒ	朵	(measure word for flowers and clouds)
duǒ	躲	to hide
duō	多	many
duōme	多么	how
dùzi	肚子	belly, abdomen
é	鹅	goose
è	恶	evil
è	饿	hungry
èr	二	two
ěr (duo)	耳(朵)	ear
érzi	儿子	son
fā (chū)	发(出)	to send out
fādǒu	发抖	to tremble, to shiver
fàn	饭	cooked rice, a meal
fān	翻	to turn
fàng	放	to put, to let out
fāng (xiàng)	方(向)	direction
fángjiān	房间	room
fàngkōng	放空	empty
fànguǎn	饭馆	restaurant
fàngxià	放下	to lay down
fángzi	房子	house
fánróng	繁荣	prosperous
fāshēng	发生	to occur
fēi	飞	to fly
fēicháng	非常	very much
fēizi	妃子	concubine
fēng	风	wind

fènghuáng	凤凰	phoenix
fènnù	愤怒	anger
fēnzhōng	分钟	minute
fójiào	佛教	Buddhism
fózǔ	佛祖	Buddhist teacher
fù (qin)	父(亲)	father
fùjìn	附近	nearby
fùmǔ	父母	parents
gǎi (biàn)	改(变)	to change
gài (zi)	盖(子)	cover
gǎn	敢	to dare
gān	干	dry, to dry
gǎn (dào)	感(到)	to feel
gāng (cái)	刚(才)	just, just a moment ago
gāngà	尴尬	embarrassment
gǎnjué	感觉	to feel
gǎnxiè	感谢	to thank
gāo	高	tall, high
gàosù	告诉	to tell
gāoxìng	高兴	happy
gè	个	(measure word, generic)
gēge	哥哥	elder brother
gěi	给	to give
gēn	根	root
gēn (zhe)	跟(着)	with, to follow
gèng	更	more
gēng	更	even, watch (2-hour period)
gèzi	个子	height, build (human)
gōng (diàn)	宫(殿)	palace
gōngrén	工人	worker
gǔ	股	(measure word for air, flows, ...)

gǔ (tóu)	骨(头)	bone
guǎizhàng	拐杖	staff, crutch
guāncai	棺材	coffin
guāng	光	light
guānghuá	光滑	smooth
guānxīn	关心	concern
guānyú	关于	about
guānyuán	官员	official
guì	贵	expensive
guì	跪	to kneel
guò	过	to pass, (after verb to indicate past tense)
guó (jiā)	国(家)	country
guówáng	国王	king
gùshì	故事	story
hái	还	still, also
hǎi	海	ocean, sea
hàipà	害怕	fear, scared
háishì	还是	still is
háizi	孩子	child
hǎn (jiào)	喊(叫)	to call, to shout
hǎo	好	good, very
hǎoduō	好多	many
hǎokàn	好看	good looking
hǎoxīn	好心	kind
hé	和	and, with
hē	喝	to drink
hēi	嘿	hey!
hēi (sè)	黑色	black
hēi'àn	黑暗	dark
hěn	很	very

hépíng	和平	peace
héshang	和尚	monk
hóng (sè)	红(色)	red
hòu	后	after, back, behind
hóu (zi)	猴(子)	monkey
hǔ	虎	tiger
huà	话	word, speak
huā (duǒ)	花(朵)	flowers
huài	坏	bad, broken
huàn	换	to exchange
huáng (sè)	黄(色)	yellow
huángdì	皇帝	emperor
huàngdòng	晃动	shaking
hùchénghé	护城河	moat
húdié	蝴蝶	butterfly
huí	回	to return
huì	会	will, to be able to
huī	灰	gray, dust, ash
huī (dòng)	挥(动)	to swat, to wave
huǐ (huài)	毁(坏)	to smash, to destroy
huídá	回答	to reply
huīfù	恢复	to recover
huíqù	回去	to go back
húlí	狐狸	fox
húlíjīng	狐狸精	vixen
hùnhé	混合	mix together
hūnlǐ	婚礼	wedding
huǒ	火	fire
huó (zhe)	活(着)	alive
huǒpén	火盆	brazier
húshuō	胡说	to babble, nonsense

hùxiāng	互相	each other
húzi	胡子	beard, moustache
jí	极	extremely, pole
jǐ	几	several
jī	击	to hit
jì (dé)	记(得)	to remember
jiǎ	假	fake
jiā	加	add
jiā	家	family, home
jiàn	件	(measure word for clothing, matters)
jiàn	剑	sword
jiàn	建	to build
jiān	肩	shoulder
jiàn (miàn)	见(面)	to see, to meet
jiānchí	坚持	to insist
jiǎndān	简单	simple
jiāng	将	shall
jiànkāng	健康	healthy
jiào	叫	to call, to yell
jiǎo	角	corner, horn
jiǎo	脚	foot
jiāo	教	to teach
jiārù	加入	to join in
jí (bié)	级(别)	level or rank
jiē (dào)	街(道)	street
jiē (zhù)	接(住)	to catch
jiějué	解决	to solve, settle, resolve
jiěshì	解释	to explain
jiéshù	结束	end, finish
jiēzhe	接着	and then
jīhū	几乎	almost

jìhuà	计划	plan
jìjié	季节	season
jìn	进	to advance, to enter
jīn	今	now, the current
jīn (sè)	金(色)	golden
jīn (zi)	金(子)	gold
jīn gū bàng	金箍棒	golden hoop rod
jìng	静	quiet
jīng	经	scripture, holy book
jīng	精	spirit
jīngguò	经过	after, through
jìngjiǔ	敬酒	to toast
jīnglǐ	经理	manager
jīngshén	精神	spirit
jìnlái	进来	to come in
jǐnshèn	谨慎	cautious
jíshǐ	即使	even though
jiù	就	just, right now
jiù	救	to save, to rescue
jiǔ	久	long
jiǔ	九	nine
jiǔ	酒	wine, liquor
jìxù	继续	to carry on
jù	句	(measure word for word, sentence)
jù (dà)	巨(大)	huge
jǔ (qǐ)	举(起)	to lift
juǎn	卷	to roll
jūgōng	鞠躬	to bow down
jùjué	拒绝	to refuse
jūnzǐ	君子	gentleman
jǔxíng	举行	to hold

kāi	开	open
kāishǐ	开始	to begin
kàn	看	to look
kàn qǐlái	看起来	it looks like
kě	渴	thirst
kē	颗	(measure word for small objects)
kē	棵	(measure word for trees, vegetables, some fruits)
kěnéng	可能	maybe
kěpà	可怕	frightening, terrible
kèrén	客人	guest
kētóu	磕头	to kowtow
kěyǐ	可以	can
kōng (qì)	空(气)	air, void, emptiness
kòngzhì	控制	control
kǒu	口	mouth, (measure word for people in villages, families)
kū	哭	to cry
kuài	块	(measure word for chunks, pieces)
kuài	快	fast
kùn	困	to trap
kùnhuò	困惑	confused
kùnnán	困难	difficulty
là	辣	spicy
lā	拉	to pull
lái	来	to come
láizì	来自	from
lán (sè)	蓝(色)	blue
lǎo	老	old
lǎohǔ	老虎	tiger
le	了	(indicates completion)
lèi	累	tired

léi (shēng)	雷（声）	thunder
lěng	冷	cold
lǐ	里	Chinese mile
lí	离	away from, to leave
li (miàn)	里（面）	inside
liǎ	俩	both
lián	连	even, to connect
liǎn	脸	face
liǎng	两	two
liǎojiě	了解	to understand
líkāi	离开	to leave
lìliàng	力量	strength
lǐmào	礼貌	polite
lìng (wài)	另（外）	other, another, in addition
liú	流	to flow
liù	六	six
liú (xià)	留（下）	to keep, to leave behind, to stay
liǔshù	柳树	willow
lǐwù	礼物	gift
lóng	龙	dragon
lóngzi	笼子	cage
lóu	楼	building, floor of a building
lù	鹿	deer
lù	路	road
luàn	乱	chaotic, messy, confused
lǚtú	旅途	journey
ma	吗	(indicates a question)
mǎ	马	horse
máfan	麻烦	trouble
mài	卖	to sell
mǎi	买	to buy

màn	慢	slow
mǎn	满	full
máo	矛	spear
máo (fà)	毛(发)	hair
mào (zi)	帽(子)	hat
mǎshàng	马上	immediately
méi	没	no, not have
měi	每	each, every
měi (lì)	美(丽)	handsome, beautiful
méi wèntí	没问题	it's ok, no problem
méiguānxì	没关系	it doesn't matter
méiyǒu	没有	no, not have
men	们	(indicates plural)
mén	门	door
miàn	面	side, surface, noodles, (measure word for flat things)
miànjù	面具	mask
miào	庙	temple
miè	灭	to extinguish
mǐfàn	米饭	cooked rice
mìfēng	蜜蜂	bee
mìmì	秘密	secret
míng (zì)	名(字)	first name, name, (measure word for an occupation or profession)
míngliàng	明亮	bright
mìnglìng	命令	command
míngtiān	明天	tomorrow
mǒ	抹	wipe
mó (fǎ)	魔(法)	magic
mó (lì)	魔(力)	magic
mógū	蘑菇	mushroom
mòshēng	陌生	strange

mù (tou)	木(头)	wood
mǔqīn	母亲	mother
ń, en, èn	嗯	well, um
ná	拿	to take
nà	那	that
nǎ	哪	which
ná qǐ (lái)	拿起(来)	to pick up
nǎi	奶	milk
nàlǐ	那里	there
nǎlǐ	哪里	where
nán	南	south
nánhái	男孩	boy
nàxiē	那些	those ones
nàyàng	那样	that way
ne	呢	(indicates question)
néng	能	can
ní	泥	mud
nǐ	你	you
nǐ hǎo	你好	hello
nián	年	year
niánqīng	年轻	young
niào	尿	urine
niǎo	鸟	bird
nín	您	you (respectful)
nòng	弄	to do, to make
nǚ	女	female
nǚ'ér	女儿	daughter
nǚhái	女孩	girl
ō	噢	oh
ó, ò	哦	oh?, oh!

pái (zi)	牌（子）	sign
pāishǒu	拍手	to clap hands
pán	盘	plate
páng (biān)	旁（边）	beside
pǎo	跑	to run
páoxiāo	咆哮	to roar
péngyǒu	朋友	friend
pí	皮	leather, skin
piàn	片	(measure word for flat objects)
piàn (shù)	骗（术）	to trick, to cheat
piāo (dòng)	飘（动）	to flutter
piàoliang	漂亮	pretty
pìgu	屁股	butt, rear end
píng	平	flat
pǔtōng	普通	ordinary
qí	棋	chess
qí	骑	to ride
qì	气	gas, air, breath
qǐ	起	from, up
qī	七	seven
qián	前	in front, before, side
qián	钱	money
qiān	千	thousand
qiān	牵	to lead
qiáng	墙	wall
qiáng (dà)	强（大）	strong, powerful
qiánmiàn	前面	in front
qiānshǔ	签署	to sign
qiánwǎng	前往	go to
qídǎo	祈祷	prayer
qiē	切	to cut

qíguài	奇怪	strange
qǐlái	起来	(after verb, indicates start of an action)
qīn'ài de	亲爱的	dear
qǐng	请	please
qīng	清	clear
qíngkuàng	情况	situation
qǐngqiú	请求	request
qīnqi	亲戚	relative
qióng	穷	poverty
qíshí	其实	in fact
qítā	其他	other
qiú	球	ball
qiú	求	to beg
qīzi	妻子	wife
qù	去	to go
qǔ	取	to take
quān	圈	circle, to lock up
qún (zi)	裙(子)	kilt, skirt
ràng	让	to let, to cause
ránhòu	然后	then
ránshāo	燃烧	burning
rè	热	heat
rén	人	person, people
réncí	仁慈	kindness
rēng	扔	to throw
réngrán	仍然	still, yet
rènhé	任何	any
rènshí	认识	to understand
rènwéi	认为	to believe
róngyì	容易	easy
róngyù	荣誉	honor

rù	入	to enter, into
rúguǒ	如果	if
sān	三	three
sēng (rén)	僧(人)	monk
sēnlín	森林	forest
shā	杀	to kill
shàn	扇	(measure word for windows, doors)
shān	山	mountain
shāndǐng	山顶	mountain top
shàng	上	on, up
shāng (hài)	伤(害)	hurt
shàngchuáng	上床	go to bed
shāngdiàn	商店	store
shàngmiàn	上面	above
shāngxīn	伤心	sad
shāo	烧	to burn
shāoxiāng	烧香	burn incense
shè	射	to shoot, to emit
shēn	深	late, deep
shēn (tǐ)	身(体)	body
shén (xiān)	神(仙)	spirit, god
shēnbiān	身边	around
shēng	生	to give birth, to grow out
shēng (huó)	生(活)	life
shèng (xià)	剩(下)	to remain, rest of
shēng (yīn)	声(音)	sound
shèng sēng	圣僧	holy monk, Bodhisattva
shēngbìng	生病	sick
shēngmìng	生命	life
shēngqì	生气	anger
shénme	什么	what

shénqí	神奇	magical
shénshè	神社	shrine
shēntǐ	身体	body
shénxiān	神仙	immortal
shēnyín	呻吟	to moan
shí	十	ten
shì	是	is, yes
shì	试	to taste, to try
shí (hòu)	时(候)	time, moment, period
shì (qing)	事(情)	thing
shí (tou)	石(头)	stone
shí (wù)	食(物)	food
shìbīng	士兵	soldier
shīfu	师父	master
shíjiān	时间	time, period
shìjiè	世界	world
shītǐ	尸体	dead body
shīzi	狮子	lion
shòu	兽	beast
shǒu	手	hand
shǒuzhǐ	手指	finger
shù	树	tree
shū	书	book
shuāng	双	a pair
shūcài	蔬菜	vegetable
shuǐ	水	water
shuì (jiào)	睡(觉)	to sleep
shuō (huà)	说(话)	to say
shuōhuǎng	说谎	to lie
shùzhī	树枝	tree branch
sì	四	four

sǐ	死	dead, to die
sīchóu	丝绸	silk cloth
sìzhōu	四周	all around
sòng (gěi)	送(给)	to give a gift
sòng qù	送去	send
suàn	算	to calculate
suì	岁	years of age
sūnnǚ	孙女	granddaughter
sūnzi	孙子	grandson
suǒyǐ	所以	so
suǒyǒu	所有	all
sùshí	素食	vegetarian food
tā	他	he
tā	它	it
tā	她	she
tài	太	too
tái (qǐ)	抬(起)	to lift up
tàijiān	太监	eunuch
tàiyáng	太阳	sunlight
tǎng	躺	to lie down
tāng	汤	soup
tángguǒ	糖果	candy
táopǎo	逃跑	to run away
táozǒu	逃走	to escape
tiān	天	day, sky
tiānkōng	天空	sky
tiānqì	天气	weather
tiānshàng	天上	heaven, on the sky
tiāntáng	天堂	heaven
tiáo	条	(measure word for narrow, flexible things)

tiào	跳	to jump
tiàowǔ	跳舞	to dance
tiě	铁	iron
tīng	听	to listen
tíng (zhǐ)	停(止)	to stop
tíngliú	停留	to stay
tīngshuō	听说	it is said that
tōng (guò)	通(过)	pass through
tōngguān wénshū	通关文书	travel rescript
tóngyì	同意	to agree
tǒngzhì zhě	统治者	ruler
tóu	头	head, (measure word for animal with big head)
tóunǎo	头脑	mind
tǔ	土	dirt, earth
tuán	团	(measure word for lump, ball, mass, cloud)
túdì	徒弟	apprentice
tǔdì	土地	land
tuō	拖	to drag
tūrán	突然	suddenly
wā	挖	to dig
wài	外	outside
wán	完	finished
wán	玩	to play
wǎn	碗	bowl
wǎn	晚	late, night
wánchéng	完成	to complete
wǎnfàn	晚饭	dinner
wáng	王	king
wǎng	往	to

wàng (jì)	忘(记)	to forget
wángguó	王国	kingdom
wánghòu	王后	queen
wǎnshàng	晚上	evening, night
wànwù	万物	all things
wéi	围	to encircle, to surround
wèi	为	for
wèi	位	place, (measure word for people, polite)
wěi (bā)	尾(巴)	tail
wèile	为了	in order to
wèishénme	为什么	why
wén	闻	to smell
wèn	问	to ask
wènhǎo	问好	to say hello
wēnnuǎn	温暖	warm
wèntí	问题	problem, question
wǒ	我	I, me
wǔ	五	five
wù (qì)	雾(气)	fog, mist
wúchǐ	无耻	wretched, shameless
wǔqì	武器	weapon
xì	系	to tie
xī	溪	stream, creek
xī	西	west
xià	下	down, under
xià	吓	to scare
xià huài	吓坏	frightened
xià qí	下棋	to play chess
xiān	先	first
xiàng	象	elephant
xiàng	像	like, to resemble

xiàng	向	towards
xiǎng	想	to want, to miss, to think of
xiāng	香	fragrant, incense
xiǎng yào	想要	would like to
xiǎngfǎ	想法	thought
xiǎngshòu	享受	to enjoy
xiāngxìn	相信	to believe, to trust
xiānshēng	先生	sir, gentleman
xiànshí	现实	reality
xiànzài	现在	just now
xiào	笑	to laugh
xiǎo	小	small
xiāoshī	消失	to disappear
xiāoxi	消息	news
xiǎoxīn	小心	careful
xiè	谢	to thank
xiě	写	to write
xiē	些	some
xié ('è)	邪 (恶)	evil
xié (zi)	鞋 (子)	shoe
xièxiè	谢谢	thank you
xìn	信	letter
xīn	心	heart/mind
xǐng	醒	to wake up
xīng (xing)	星 (星)	star
xíng (zhuàng)	形 (状)	shape, appearance
xíng chéng	形成	to form
xìngqù	兴趣	interest
xīnzàng	心脏	heart
xiōng	胸	chest

xiōngdì	兄弟	brother
xiūxi	休息	to rest
xīwàng	希望	to hope
xǔduō	许多	many
xuě	雪	snow
xuě, xuè	血	blood
xuéhuì	学会	to learn
xūruò	虚弱	weak
xūyào	需要	to need
yā	鸭	duck
yá (chǐ)	牙(齿)	tooth, teeth
yàn (huì)	宴(会)	feast, banquet
yǎn (jīng)	眼(睛)	eye
yān (wù)	烟(雾)	smoke
yáng	阳	masculine principle in Daoism
yǎng	养	to nurture, to support
yàngzi	样子	to look like, appearance
yánsè	颜色	color
yánzhe	沿着	along
yào	药	medicine
yào	要	to want
yāo	腰	waist, small of back
yáo (dòng)	摇(动)	to shake or twist
yāodài	腰带	belt
yāoguài	妖怪	monster
yāoqǐng	邀请	to invite
yāoqiú	要求	to request
yè	夜	night
yě	也	also
yè (zi)	叶(子)	leaf
yéye	爷爷	grandfather

yī	一	one
yī (fu)	衣(服)	clothes
yìdiǎn	一点	a little
yídìng	一定	must
yǐhòu	以后	after
yǐjīng	已经	already
yín	银	silver
yīn	阴	feminine principle in Daoism
yíng	赢	to win
yìng	硬	hard
yīnggāi	应该	should
yīnwèi	因为	because
yīnyuè	音乐	music
yìqǐ	一起	together
yǐqián	以前	before
yíqiè	一切	everything
yīshēng	医生	doctor
yìsi	意思	meaning
yǐwéi	以为	to think, to believe
yíxià	一下	a bit, a short quick action
yíyàng	一样	same
yìzhí	一直	always, continuously
yòng	用	to use
yǒngyuǎn	永远	forever
yòu	又	again, also
yòu	右	right (direction)
yǒu	有	to have
yǒuguān	有关	related to
yóurén	游人	traveler, tourist
yù	玉	jade
yù	御	royal

yǔ	语	words, language
yù (dào)	遇(到)	encounter, meet
yuàn (yì)	愿(意)	willing
yuǎnlí	远离	far away from
yuányīn	原因	reason
yuè (liang)	月(亮)	month, moon
yuèfù	岳父	father in law
yǔmáo	羽毛	feather
yún	云	cloud
yùnqì	运气	luck
yùwàng	欲望	desire
zá (suì)	砸(碎)	to smash
zài	再	again
zài	在	in, at
zǎo (yìdiǎn)	早(一点)	early
zǎo (zi)	枣(子)	date, jujube
zàochéng	造成	cause
zǎoshang	早上	morning
zěnme	怎么	how
zěnmele	怎么了	what's up
zhàn	站	to stand
zhàndòu	战斗	fighting
zhǎng	长	to grow
zhāng	章	chapter
zhāng (kāi)	张(开)	open
zhǎnglǎo	长老	chief elder
zhǎo	找	to search for
zhào liàng	照亮	illuminate
zhǎodào	找到	found
zhe	着	(indicates action in progress)

zhè	这	this, these
zhē	遮	to hide
zhèlǐ	这里	here
zhème	这么	so
zhèn	阵	(measure word for short-duration events)
zhèn	朕	I (royal)
zhēn	真	true, real
zhèng	正	correct, just
zhèng (zài)	正(在)	(-ing)
zhēnshì	真是	really
zhēnxiàng	真相	truth
zhèyàng	这样	such
zhǐ	指	finger, to point at
zhǐ	只	only
zhī	只	(measure word for animals)
zhī	枝	branch
zhī	之	of
zhì (huì)	智(慧)	wisdom
zhì hǎo	治好	to cure (medical)
zhīdào	知道	to know
zhījiān	之间	between
zhīqián	之前	before
zhīshì	知识	knowledge
zhòng	众	a crowd
zhǒng	种	type, (measure word for kinds of creatures, things, plants)
zhōng	中	in, middle
zhòng	重	heavy, hard
zhǒngzi	种子	seed
zhōu	洲	continent
zhù	住	to live, to hold

zhū	猪	pig
zhuā (zhù)	抓(住)	to arrest, to grab
zhuǎn	转	to turn
zhuāng (mǎn)	装(满)	to fill
zhuǎnshēn	转身	turn around
zhuǎnxiàng	转向	turn to
zhuī	追	to chase
zhǔnbèi	准备	to prepare
zhǔnbèi hǎo	准备好	ready
zhuō (zi)	桌(子)	table
zhǔrén	主人	owner, master
zhǔ zhuō	主桌	table of honor
zhǔyì	主意	idea, plan, decision
zì	字	written character
zǐ (sè)	紫(色)	purple
zìjǐ	自己	oneself
zǒu	走	to go, to walk
zǒulù	走路	to walk down a road
zuì	最	the most
zuò	座	(measure word for mountains, temples, big houses, …)
zuò	座	seat
zuò	做	to do
zuò	坐	to sit
zuǒ	左	left (direction)
zuó wǎn	昨晚	last night
zuǒyòu	左右	approximately
zǔzhǐ	阻止	to stop, to prevent

About the Authors

Jeff Pepper (author) is President and CEO of Imagin8 Press, and has written dozens of books about Chinese language and culture. Over his thirty-five year career he has founded and led several successful computer software firms, including one that became a publicly traded company. He's authored two software related books and was awarded three U.S. patents.

Dr. Xiao Hui Wang (translator) has an M.S. in Information Science, an M.D. in Medicine, a Ph.D. in Neurobiology and Neuroscience, and 25 years experience in academic and clinical research. She has taught Chinese for over 10 years and has extensive experience in translating Chinese to English and English to Chinese.

www.ingramcontent.com/pod-product-compliance
Lightning Source LLC
Chambersburg PA
CBHW072022110526
44592CB00012B/1404